U0114392

拾穗，
在迢迢的旅途上

我以一種去地域性的流浪思維，說出我在旅途上所撿拾的感悟

黃耀明　著

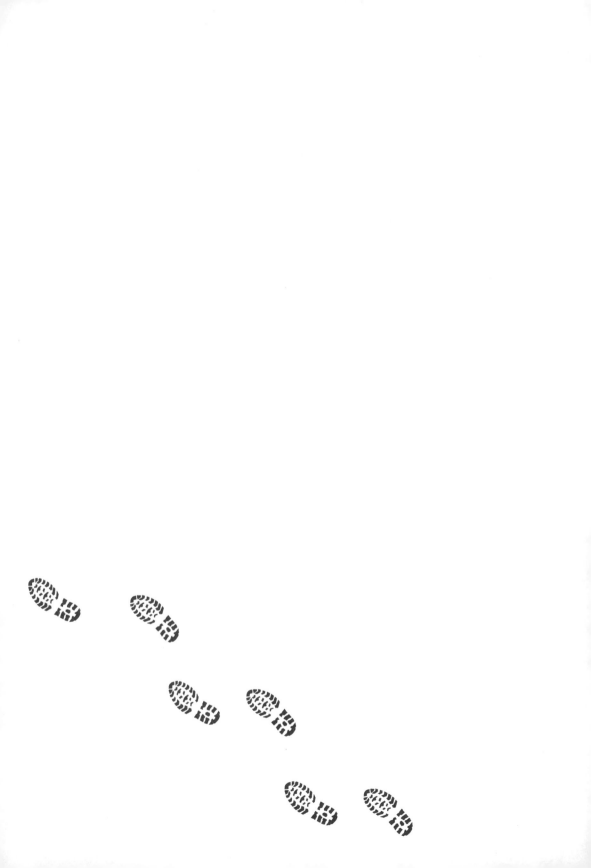

目錄

目錄
Contents

自序
行者無疆

　　拙作《繞著地球跑》系列共九十篇，近十三萬字，承台灣時報老編和讀者的厚愛，佔用《台灣文學》太多寶貴的篇幅，總該劃下句點。更何況，筆者已步入杖朝之年，這些一路走來的旅情點滴就像我住家前簌簌飄落的阿波羅花瓣，也算是我人生劇本的終章。

　　我的旅行原始動機是出自於一種的逃脫心態。起初，我只是想從爾虞我詐的生活「黑箱」和物慾爭逐的商場「紅海」逃脫出來，藉著浪跡天涯機會，尋求一處心靈可以暫時小憩的地方。從三十歲出頭，一有長假，並存夠餘糧，我就刻意規避商場上迎新送舊的繁文縟節和矯飾的酬酢，選擇讓生命能夠自由自在的生活旅行。剛開始，我是以反差比較大的國度或地區作為首選，因為自認年輕比較能夠經得起旅途上的困頓和磨練。

　　歷史文化、社會環境、飲食習慣和自然景觀與自己的家鄉反差愈大的地方，給初訪的旅人衝擊愈大，感觸和留在心底的印痕也最深。面對那些異風奇俗、迴異的價值系統和宗教信仰，常會情不自禁感到驚喜或嘆喟。而流連在那些廢墟、大海、森林、冰原、沙漠、山丘和古堡，親睹那些壯闊美麗的山河、滄海桑田的大地、崩落的古代廟堂以及無情更迭的歷史文明，每一次調適五感，投入心意，都會對大自然的獨創性和人類文明的原創性感受到一瞬間的悸動。反差愈大，對旅人來說，話語的衝動也會愈大。

　　拜人類文明躍進、科技進步之賜，遙遠的距離已不再是重重的阻隔。訊息暢通，交通便捷，壯遊幾乎沒有邊界，即使是沒有

邦交的國家也可以通行無阻。壯闊的自然就像壯闊的人生充滿豪情，行者無疆，而無淒涼。旅行的日子，幾乎每天都是幸福的日子。五十個年頭下來，上山下海，我和內人跑遍了五大洲七大洋，幾乎涵蓋了全世界所有第一、二線的旅遊景點，但有些地方礙於安全的考量，還是免不了有遺珠之憾。

譬如說，我一直渴望能走一趟中國西藏，並且到印度錫金邊界的乃堆拉山的樟谷湖，以及登雲南海拔 5000 公尺的高原雪山，去適應高原作息，雖然當時身體並沒什麼不良的反應，但對出過許多狀況的高山症候群仍存有疑慮，因此這輩子已經註定無緣去圓那沁入內心的美夢，只能乾瞪眼望著拉薩的布達拉宮興嘆，這不能不說是我終生的遺憾。

浪跡的地方愈多愈遠，經驗的累積自會促進了對旅遊觀念的進化。我由逃脫開始，進而成為學習過程，再由學習過程變成生活方式，然後才開始懂得去享受旅行的樂趣。沿途中的風光和風土民情都成為我敘述故事的背景，虔誠拜謁過的那些遙遠城市，不竭思索過那些深邃而神秘的文化，狂熱地追逐過的那些滄桑而又光輝歲月，扎扎實實提供了我各類見聞的剖析、思考和反思。

我把旅行當作是一輩子的修行，短的是旅途，長的是人生。可不是嗎？當我獨自面對像北極圈蒼鬱海域或是冰雪荒原，我可以體會到「水邊哲學是不捨晝夜」，當我躺睡在像澳洲北領地或在塔斯馬尼亞原始森林的星空下，我體會出「山地哲學是不知日月」，當我潛入到像埃及金字塔或帝王谷某法老地下陵寢，我發覺歷史的哲學永遠存在著殘卷和斷章。我覺得旅遊就是一種生活，總是試著把旅行的點滴變成哲思。

大陸作家余秋雨曾以專家學者的身份，應香港鳳凰衛視「千

禧之旅」之邀，隨越野車隊跋涉數萬公里，實地考察了埃及、希伯萊、巴比倫、波斯和印度河等古文明的遺跡，並把全部的探索日記匯集成《千年一嘆》。緊跟著他又花了半年時間，由南歐、中亞、西歐到北歐，共 26 個國家和 96 個城市，並完成《行者無疆》乙書，很有系統地深度介紹歐洲文明的考察。他豐碩的人文素養、駕馭文字的能耐，像熟練的農夫收割豐收的稻穀，簡直是旅遊經典之作。

他的文章常常以精湛的詞彙和撼動人心的警句開始，最後又能戲劇化為整體過程譜下完美的句點。我非常欣賞他文章的佈局和戲劇性的轉折，《行者無疆》就以「廢墟、大海、流浪」的南歐出發，最後則在北歐北極圈奧盧東南方一百八十公里處、一個「蒼涼、寂寞、執著」、居民不到十人的奧提奧美克火車站為終站，他精彩的經歷就在那裡完美的凝凍，我常把它們奉為習作的圭臬。

我不是學者，也非專業旅行家，只是一個平凡的生意人，寫作是我業餘的嗜好。我沒有余先生那樣的學識和際遇，沒辦法把整體旅情加以精心籌劃，並作有系統的報導，只能隨興把發生在迢迢旅途上的有感點滴，像小時候秋收的季節裡，在田間跟收割機的後頭，撿拾稻穗一樣，零零散散把它們收攏起來。對我來說，每一小粒稻穗都代表著無比的幸福，這些走過的痕跡為我的人生留下些雪泥鴻爪，不怕有識者笑，我還真盼望愛好旅遊的讀者能夠分享到我這些小小的喜悅。

小魔女琪琪的麵包房

阿公阿嬤的貼心叮嚀

（澳大利亞 / 塔斯馬尼亞）

幾年前，我和妳們的阿嬤去澳洲艾爾斯岩和塔斯馬尼亞島旅行時，在前往塔斯馬尼亞第二大城市隆契斯頓（Launceston）的路上，有一個仍然保持著非常古老、清純和美麗，名叫羅斯（Ross）的小鎮，據說是觸動日本漫畫家宮崎駿創作電影《小魔女琪琪》靈感的所在地。記得那天，我坐在小鎮那家「小琪琪麵包坊」喝咖啡，望著羅斯古橋對面那座歌德教堂塔尖入神發呆，恍恍惚惚間，好像看見小魔女琪琪帶著她的小貓吉吉，乘坐著她的掃把，從塔尖飛過。不知什麼緣故，我突然間竟擔心起我們家裡，那五位與小琪琪年齡相仿的魔女來。我開始擔心她們不久的將來一個個要走出家門，走入社會，走向自己的人生道路，然而，能否像小魔女琪琪一樣，每一位都能找到一處讓自己感到安全和幸福的家園？

明知幸福的生活不會憑空而來，它得靠規劃和努力，然而我們家的小魔女們一直受到她們父母親百般的呵護，像溫室的小花，在長輩刻意營造的小天地，過著不知天高地厚的日子，讀書似乎是她們生活的全部。她們根本無從找到不同環境和不同際遇的對比，以致沒有機會在對比刺激中擴充她們的視野，也沒有機會滋養出一種應對多變環境的能力。帶領她們走出溫室、走出庇護，面對陌生、面對困難，尋求新奇、找尋機遇，就成為每一趟旅遊所隱藏的深層意義。

《生命中不能承受之輕》的作者米蘭・昆德拉認為：「旅程無非兩種，一種是只為到達終點，那麼生命只剩下生與死兩點；

另一種則把視線和心靈投入沿途風景和遭遇，那麼他的生命將會豐富無比。」自我們家小魔女相繼長大，阿公、阿嬤和她們的父母親陪伴她們走過不少地方，法國、日本、帛流、泰國普島和菲律賓愛妮島，無非盼望她們能夠用心、用眼睛、用心靈去貼近沿途所目睹和際遇的一切。

人活在這個世界上，短短數十寒暑，不一定要能變成一個完人，也不一定要能飛黃騰達，但絕對要能夠活得精彩，活得自由自在、充滿故事性。倘若說，旅遊本身真正的意涵，是藉著所觸及的旅遊有關事物，去尋回已失落的東西，或追捕夢想中所期待的，那麼幾次帶著我們家的小魔女們出遊，就是想厚植和豐富她們人生初階段的甜美和精彩。有人說回憶比當下的經驗更有味、更悠長，更重要是將來能夠跟自己一起翻找記憶、反芻興味的親人。

阿公和阿嬤年紀大了，一生經歷了風風雨雨，遭遇過無數的困頓和無奈，然而這些人生的漣漪已趨平靜，我們的一輩子活著雖然平凡，但非常精彩和豐盛，我們過的日子雖然淡薄，但充滿故事性。總括地說，沒能創造熱鬧，領導風潮，至少我們懂得享受寂寥，品嘗孤獨。利用這次關島全家渡假的機會，阿公要設法把我們三代難得一齊出遊的記憶，封存在時光的膠囊裡，當你們都長大以後，都能像小魔女琪琪一樣，各自找到屬於妳們自己安全又幸福、安身立命的地方，那個時候，妳們就隨時可以打開這個膠囊，體會出妳們才是阿公和阿嬤和妳們的爸媽永遠的牽掛。

恭陪佛祖回老家

承諾是一輩子的使命

（寮國 / 永珍）

有關北傳佛教的體驗，近半世紀來，除台灣本土外，我曾參拜過中國大陸各大小寺院，也曾去日本京都、奈良、鎌倉各佛寺做過巡禮；至於南傳佛教的接觸，泰國各佛寺、印尼婆羅浮屠、高棉吳哥窟也都陸陸續續留下內人和我的足跡和讚嘆。寮國和緬甸都是以佛教立國的國家，趁著有生之年，抱著一顆虔誠和感恩的心，走向佛國（寮國）尋履，就想讓浪跡天涯的疲憊洗去我們的罪惡。

在寮國，我們的行程是由古都龍波邦，經小桂林旺陽（萬榮），不知是感受到佛光照拂的影響，抑或真的像某些佛經所傳述的，旅遊的疲憊可以洗滌人的罪孽，一路上心情真是異常平和，充滿愉悅。

揮別旺陽，我們又花了五、六小時在崎嶇難行趕往永珍的山路上。沿途經過好幾處寮國少數民族的村落。寮國是一個內陸國家，境內百分之七十為山地和丘陵，缺乏基礎建設，大型工業少而從事農耕者眾，國民所得不高，一般民眾仍然過著清苦的日子，不過百姓非常樸實善良，是世界上幸福指數名列前茅的國家。我們每到一個村落，領隊都會安排短暫停留，讓年紀較大的成員方便，並且讓全部團員了解當地民情。

有位來自彰化溪湖的林姓團友，每到一個村落的村口，即拿出他從台灣帶來的小鑼鼓，敲打起來，沒多久時間，從村莊各角落湧現了三、四十位小朋友圍繞著他，他隨即從背包取出打氣唧

筒，熟練吹製許多不同造型的氣球，像台灣村落的土地公，有求必應滿足各位小朋友的索取，那種溫馨的氛圍一點也不顯做作，似乎理所當然。原來他老兄五年前第一次看到這些可愛的小朋友，就許了願，每年他都會過來，帶給這些小朋友歡樂，而且他這種善舉已持續了五年。

在路上，有緣與鄰坐的施先生天南地北閒聊起來。施先生是我台中的小同鄉，年紀大我十歲，八十出頭。台中農學院（中興大學前身）畢業，從檢驗局退休。他告訴我說五十年前，他出公差到永珍，在參訪一座佛寺時，在廟前的攤販買了一尊仿製的銅塑佛像，他捧著它進廟內「過火」，帶回台灣供奉，並答應佛陀他有生之年，一定要帶祂回永珍的家。五十年來，施先生一家的生活都在平順中度過，每日晨昏在膜拜中，心靈上總時刻感覺到，對於永珍有種近乎鄉愁的親近，他捨不得把這尊神祇送回永珍。但已經八十幾的老人了，幾年之後行動就不方便了，因此，施先生很虔誠很不捨，背負著這尊佛像，從台灣，經龍波邦、旺陽，回到永珍。

旅遊的目的因人而異，有很多面向，一位在台中建國市場的女性魚販認為只要能放下工作，暫不拿刀子殺魚，她就感到很快樂。我的老婆說只要能與老公「褲帶結相粘」，到哪都好玩。但像林先生和施先生兩位鄉親，為著某種承諾（許願）而旅行的人也不少，他們讓我深深體會到，原來承諾是一輩子的使命。

生命軌跡上的小小切點
緣份一到，兩條不平行的線就會有機會相切
（埃及、肯亞、尚比亞）

有人說，人生像一齣戲，有太多的奇遇和巧合。不過，根據經驗法則，所謂奇遇往往都是一種刻意的追尋，只有巧合才是千載難逢的際遇，像極了幾何上的切點，來無影，去無蹤。

我一向羞於承認我出自於英國語文學系，因為英文程度很差，尤其聽和說的能力更遜。高工畢業，參加聯考，很幸運也很不幸考取外文系。在我們那個年代，學習環境沒現在好，老師清一色本國老師授課，南腔北調，無從適應，輔助的視聽教學設備又付之闕如，先天不足，後天又失調，只能怪當時的聯考制度，管不著你英文考幾分進來。

進入大學以前，我曾在台灣中國石油公司高雄煉油總廠的硫磺工廠，當過兩年的操作工人。那時候，我那位姓陳的領班非常照顧我這個小弟，我常在他住的宿舍進出。有一次，聽到他很驕傲地談到他在美國 IBM 公司服務的弟弟。五十年前，個人電腦尚未問世，只有大企業、政府機構和

軍事單位進行電腦化。能夠進入 IBM 服務一定是一時之選，是令當時年輕人仰慕的職場英雄。其實領班的弟弟畢業於成功大學機械系，校中成績並非名列前茅，只是應徵面試時，他能夠以流利的英語，侃侃而談，靠著語言的優勢，他輕易擊敗各路英雄。後來，不負眾望成為 IBM 遠東區（日本、韓國、台灣、東南亞等國家）的 CEO。

想起自己畢業後當完兵、進入職場，語文應付，讓我左支右絀，尤其台灣經濟漸漸起飛，國際化的腳步愈來愈快，更讓我深深感受到外國語文的重要。四、五十年來，從年輕、中年到我老邁，無論在職場，在學校，一有機會，我不厭其煩的向年輕的朋友，講同樣的故事。雖然故事的主角，我素昧平生，他一直活在我的心中，活在我百說不厭的故事裡。

2000 年，埃及的政情非常穩定，那些有三、四千年歷史的偉大古蹟，從開羅的金字塔、人面獅身雕像，到阿布辛貝、亞斯文、菲來、上孔翁坡和陸克索諸多奇妙的神廟，至帝王谷的神秘浩大工程，無不讓人感到震撼、驚嘆和欽佩。那些神廟龐大廊柱投在地上的陰影，一如埃及歷史的映像，單僅在廊柱間徘徊，就可感覺到古埃及文明不朽。在那段埃及昇平的歲月，來自世界各地慕名而來的觀光客，

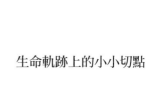

生命軌跡上的小小切點　21

如過江之鯽，讓埃及狠狠地大撈了一大筆觀光財。我和內人躬逢其盛，也投入那股朝聖般的熱潮。

當時參加的旅行團是從開羅直飛阿布辛貝，搭郵輪，四夜五天，沿尼羅河南下，經路克索，然後回到開羅。郵輪一向都是夜間航行，白天才登岸觀光。幾天後，團員混熟了，大家用餐後，有許多時間閒聊。閒聊中，通常都會問到來處，有位退休的陳姓團員說，他來自台南佳里。

我說佳里是個人傑地靈、純樸又美麗的好地方，我曾去過那裡參加一個老同事的婚禮。陳先生說：「佳里是個小地方，說不定你的同事我也認識。」

我回答說：「他叫陳深炳。」

陳先生很驚訝望著我說：「他是我的大哥。」

四、五十年來，我常述說的故事主角，在小小台灣沒有機緣碰面，碰面卻在地球的另一端，真是「踏破鐵鞋無覓處，得來全不費工夫」，真是太奇妙的巧合。生命真是自有軌跡，緣份一到，兩條不平行的線就會有機會相切，只是不知在什麼地方，不知在什麼時候。

十四年後，我和內人去緬甸旅遊，碰上一位台僑香港籍的女團友，她剛從柯達遠東區 CEO 職位退下來，忘記在什麼情況下同她聊起上面的故事。她說她認識陳先生，也認為他是一位在台灣外國企業當中、出色的傳奇人物，一位學機械的工程師，最後卻管理起這麼大企業的財務來。

終於可以飛往維多利亞瀑布

堅持自己的權益

（肯亞、尚比亞）

　　許多人喜歡跟熟稔的親朋結伴去遊行，我和內人只要找好想去的地方，我們就隨機隨緣參加各式的旅行團，理由只有一個，這樣才不致錯失許多旅遊的機會，更何況，團員間的互動，一回生，二回熟，在他鄉外里，碰到情況一多，也很容易培育出彼此的革命感情。旅遊次數和到過的地方愈多，對於古文明和現代文明的探索，老實說在審美以及懷古的情懷上，就會有些許的鈍化。有一陣子，我和內人開始嚮往去觸碰大自然那股原始的悸動。渴望親自去體驗，大文豪海明威筆下所描述，那種「不可捉摸、無從想像、難以置信、更永難忘懷」的地方。

　　2011 年的秋天、非洲動物大遷徙的季節，我們一團十五個人，成員來自各階層，有企業界的老板、跨國企業的高級人員、醫生、退休教授、和幾位貴婦。我們走過肯亞、坦桑尼亞、辛巴威幾個國家公園，也就是野生動物保護區，像安波沙里、恩格龍格羅、馬賽馬拉和賽倫蓋提等國家公園。

　　非洲幅員很大，談不上什麼交通建設，一路上，晴天時黃沙滾滾，碰上雨天則泥濘不堪。從一個地方轉進另個地方，時程總得花上一整天，或五、六個小時。車子拋錨、深陷泥沼，或飛機誤點都是小事，如果簽證出了問題，或航空公司發生罷工，那「代誌」就非同小可了。

　　我們非常幸運順利目睹，橫跨非洲三大動物保護區動物大遷徙的壯舉。動物無國界，隨氣候和水草成長，由原本散居的賽倫

蓋提南部，不約而同地輾轉走了 3000 公里到馬賽馬拉，短暫停留一、二個月後，又千里迢迢走回原來的地方，年復一年，週而復始，真是奇妙得令人費解。是誰有這種能耐，主導和規劃這齣涵蓋著生老病死的千里長征？！貌似千年不變的非洲大草原，其實是充滿瞬息萬變生存的動態。

就在我們結束大草原狩獵旅行（safari 以相機代替獵槍的方式），要前往尚比亞的時候，肯亞航空大罷工，一切國內外班機皆停擺。我們後段的行程進也不是，退也不是。領隊朱先生盤算結果，打算租用小巴改走陸地。但聽說車子預計要開 12 小時（而誰又曉得它的正確性），加上一半的團員是老弱婦女，根本經不起小巴長途的折騰，所以大部分團員極力反對。大夥兒七嘴八舌，爭論得臉紅耳赤也沒什麼結論。領隊被惹火了不負責任地撂下重話：「走不走由不得你們，除了跟我走，你們又能耐我何？」現場氣氛十分火爆。

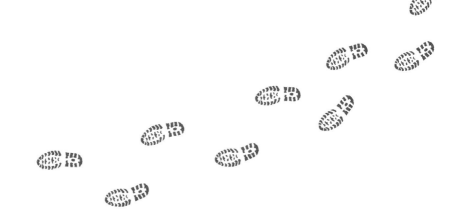

就在緊張時刻，有位退休教授打電話找他在美國泛美航空公司服務的朋友求救，對方告訴他，根據資料，奈洛比機場是有私人小飛機可租用的。然後，那對在跨國企業服務的夫婦走向機場服務中心，詳細詢問有關資訊，證實有五、六人座小飛機可租用，十五人可分三個班次。因為團員中有四對夫婦買的是商務艙，肯亞航空的退費足夠應付這趟來回租用的費用，所以我們要求領隊照辦。半小時後，大伙兒便順利乘坐租來小飛機從肯亞奈洛比，飛往辛巴威哈拉雷，再轉尚比亞的維多利亞瀑布（Victoria Fall）機場。在不順遂、不如意的情況下，又冒出另一種值得回憶的新奇經歷，順利完成遊覽世界第三大瀑布的行程。

　　不過，禍不單行，由尚比亞要進入波札納邊防移民局時，又遇上更棘手的難題，雖然是落地簽，但因出國前，相關前置作業沒做好，害得十五個團員像國際難民，窩蜷在無遮風擋雨的波札納移民局外面，餐風露雨四、五小時，情況窘迫不難想像，這又是不慎選旅遊社，消費者權益嚴重受到傷害的惡例，最後還是靠那些有豐富見識的團友，透過關係，幫忙解決了問題，這是另一種題材，就不多說了。

踏上地球上最大的巨石

傾聽曠野的聲音

（澳大利亞／北領地的艾爾斯岩）

　　艾爾斯岩（Ayers Rock）是澳洲中部、北領地沙漠中，橫躺的一塊巨石，高度離地面有 348 公尺，周圍長達 9.2 公里，它是地球上最大塊的島丘，也是當地原住民視為不可侵犯的聖地。艾爾斯岩舊稱 Uluru，意即「有水洞的地方」，岩石下的洞口和風口仍保留著鮮明古代原住民的壁畫，描述各種事物和當年集會時的會議記錄。據說，它的存在已有五、六億年的歷史，因為從海水中昇起，所以它紅褐色、平滑的表面呈現出一種像南美女孩那種很特殊又迷人的光澤。

　　由於看了一部日本電影（片名已忘記），男主角為完成因絕症身亡女友的遺願，從日本千里迢迢來到艾斯岩揮灑骨灰淒美的愛情故事，那股荒野上的情緣、遠方的浪漫，配上艾爾斯岩多彩獨特身影，深深吸引了我。另外，美國女作家瑪洛‧摩根在《曠野的聲音》一書中，記載一名美國婦人在澳洲沙漠心靈之旅的故事，與她在澳洲沙漠找到「真人」的內陸經驗，也深深打動我的心。她說：「在澳洲內陸乾燥的心臟地帶的某個角落，我們仍能聽到一個緩慢的、穩定的、老邁的脈搏聲。那兒有一群特立獨行的人類。他們對種族主

　　拾穗，在迢迢的旅途上

義不感興趣，他們關心其他人類和我們的生存環境。瞭解那個脈搏聲，就是進一步瞭解人類的處境和人的本性。」

2010 年四月，我和內人第二次踏上澳洲這片土地，這次我們直奔北領地的艾爾斯岩，然後再到塔斯馬亞，就是為著傾聽「曠野的聲音」和享受「天然之州」的秀麗風光和樸素的人文特色。艾爾斯岩之外，附近的卡搭丘塔／奧爾加山也有巨石群散佈，36座經過風化和風蝕的圓頂石頭，各個的造型圓滿滑稽可愛，我們花了二個多小時在特定的巨石群間健行，沿途可以看見許多洞穴、風化的石窟和岩池。岩池常見有岩山的倒影，由於巨石的邊緣斜度甚陡，巨石間有種明顯交角，是難得一見的特殊景觀。

傍晚日落時份，從奧爾加山面向傲立在沙漠中、變換成另一種色彩的艾爾斯岩，觀賞日落地平線時，無邊無際的沙漠所揚起的滿天多色彩雲煙，以及艾爾斯岩如中國川戲「變臉」般迷人的容顏，這種精彩的旅遊經驗，讓千里跋涉的旅人終生難忘。尤其在艾爾斯岩星空下，一場「無聲之音」的晚宴，更是讓人迷醉。我們駐足的飯店 Desert Garden Hotel 安排了一場壓軸好戲，就是在紅土中心沙漠荒野中，舉辦野味餐派對，在非常低垂的夜幕上，觀賞滿天爭輝的星群、以及一條長長璀璨的銀河，品嘗澳洲野味，如袋鼠、鱷魚和鵪鶉肉，無限暢飲著香檳。美景、美味、加美酒，「輸人嘸輸陣」拚了！

整個夜晚，沉迷在澳洲北領地寂寥的夜色中、心靈有種超脫現實的平靜和被撫慰的快感。醉醺中，不單可以聆聽到星星竊竊的對語，還可以感應到曠野醉人的聲音。夜深人靜，似乎還聽到瑪洛‧摩根一再在耳際囑咐說：「空手而來，空手而去。我看到光輝燦爛的人生，一片空。」

是誰殺了楚格尼尼？

惨絕人寰的歷史悲劇

（澳大利亞 / 塔斯馬尼亞）

　　楚克尼尼不是什麼大號人物，他只是澳大利亞唯一「島州」塔斯馬尼亞（Tasmania）的一名土著。不過，他的去世卻是代表著生存在塔斯馬尼亞好幾個世代的原住民的絕滅。這是一件有關人類生存的大悲劇，也是一件人類文明進化史上的大恥辱。

　　我不知道，也沒有深入研究，到底塔斯馬尼亞的原住民，與「曠野的聲音」的作者瑪洛 · 摩根所接觸到的「真人」部落，有沒有直接的血緣關係？但是可以想像這些與世隔絕好幾世代的原住民，那種尊重自然界萬事萬物存在的生活方式、各盡本分而每人只取其所需的價值觀，和擁抱、珍惜著簡單物質和文化遺產的生存態度，一定相差無幾。瑪洛 · 摩根語重心長的告訴她的讀者說：「要瞭解今天澳洲原住民的生活情況，只須到任何一座美國城市，看那些居住在城市的一隅，過著半依賴失業救濟金度日的非裔族群。有工作的，也只是低賤的粗活，他們的文化已經淪喪，就像美洲原住民，被迫居住在指定的地區，世世代代不准奉行他們傳統的信仰。」

　　我們從艾爾斯岩搭乘國內班機回雪梨，轉飛離東南海岸 240 公里外島州的首府荷巴特，搭著專車，開始環島遊，一路上感受著塔斯馬尼亞的天然氣息。這裏有百分之四十的佔地被劃分為國家公園，鮮明的海岸線，保持著原貌高山峻嶺、叢林灌木和清澈湖水，無處不顯示它的大自然美態。然而，一想起被美國旅遊雜誌「Outside」評定為世界十大最美麗的海灣之一的酒杯灣

（Wineglass Bay），眼前這半圓形、弧度優美、海水碧藍的海灣，曾幾何時竟然是人類捕殺鯨魚的墳場。想起當時被屠殺鯨魚的鮮血，所染紅的酒杯灣，真是名符其實盛滿紅色葡萄酒的酒杯，能不感到唏噓？！

　　對全部人類而言，酒杯灣的悲劇還可以補救，然而對於種族滅絕的悲劇根本無法彌補。塔斯馬尼亞原有九個土著的部落，人數約一萬人左右。他們好幾個世代生活在這個與世隔絕的島上，過著與世無爭的日子。然而自 1803年英國人開始上岸定居以後，這些原住民屢遭處決，或遭疾病感染，不到三十年的光景，人數銳減。剩下這批人被集體遷移到芬蘭達島，讓他們自生自滅。最終，塔斯馬尼亞全數原住民遭到徹徹底底滅絕的命運。一般澳洲人都認為楚格尼尼（1813 － 1876）是最後一名塔斯馬尼亞原血統的土著。政府有關當局特地在布魯尼地峽處，為他豎立了一座小銅像，留給後人引以為戒。佇立在楚挌尼尼的銅像前，頓感這幾天所有經歷的良辰美景，只不過是一場虛擬的夢，夢醒時，人類依然要面對永無止境的互相殺戮，以及貪得無厭的掠奪。倘若說旅遊是要替自己的見識增加厚度和識感，瞭解這樣歷史或事件，又代表什麼意義呢？因有感特賦詩一首為記。

悼楚格尼尼

不管多淒涼和反抗的怒吼
依舊叫不醒人類的叛經離道
不管多無助和哀嘆的訴求
依舊顛覆不了人類殘暴蹂躪的腳步
在那個「乞丐趕廟公」毫無天理的年代
整個綠色的島嶼，彷彿
被周邊的黑潮所吞沒
依稀還可以聽到
多少原住民的母親
為她們被凌辱殘殺的孩子長夜哭泣
圍繞島嶼四周的洶湧浪濤
經年累月撲打岸邊
咆哮怒吼的聲音
猶如那些被滅絕幽靈的鬼哭神號

安第斯山山上的邂逅

一種揪動心靈的呼喚

（秘魯 / 庫斯科）

　　身為地球村的人，凡是地球上的每個地方，能夠走它一趟，都是許多因緣所合成的幸運。無聊的時候，我常常跟者老伴拿著一張世界地圖、歷數地球上那些還沒去過的地方。經過三、四十年的光景，被我們畫得密密麻麻註記的行旅圖上，中南美洲和中東地區仍然無緣留下我們曾遊歷過的足跡。

　　中南美洲對台灣旅人而言，著實太過遙遠，而中東的時局千變萬化，又常常吃緊，不想去冒險。然而，都已是七十幾歲的老人家，不把握當下，尚待何時？2012 年及 2013 年的秋天，我們終於分兩梯次，走完南美洲和中美洲這兩條旅遊線。

　　顯然，絕大多數的旅人到南美的祕魯旅遊，就是為著去探訪失落的印加空中之城「馬丘比丘」。一般人把祕魯視同是印加古文明展示的國度，而把馬丘比丘比喻為印加的文明象徵。從利馬要到馬丘比丘，有一段蜿蜒漫長的山路，這段山路在海拔二千公尺的安第斯山山上。途中所經過的庫斯科（Cuzco），本以為它的名號只是沾上馬丘比丘的光彩而已，哪知到達後，才知道它是一座保存完整、名符其實的「黃金之都」。

　　庫斯科是一個很獨特的高山城市，所有古印加王國的建築精華似乎在這裡可以一覽無遺。百年以上的石磚人行道、印加帝國留下古城牆、石牆街以及西班牙風格的教堂，古跡處處融合了新舊建築，營造出一種帶著歷史的滄桑，又帶有幾分現代都市的活力，讓來訪的旅人很難不為它著迷。

令人更驚艷的是在庫斯科街頭巷尾，不時可以看見一種奇怪但可愛的動物，脖子長長、眼睛大大、絨毛亮麗、像羊又像駱駝的動物——駝羊，偶爾也可以看到身著艷麗傳統服裝的當地人趕著一群色彩多樣的駝羊經過，那才真正是安第斯山山區一幅亮麗的風景。

　　駝羊是南美洲唯一被馴化的家畜，因為駝羊經濟價值很高，羊毛一公斤就值美金 500 元以上，所以它被譽為是「安第斯山上走動的黃金」。經過人工馴養的駝羊有白、棕、黃、咖啡和黃多種顏色。在此趟旅程沒特別規劃，心理又沒有準備的情況下，路過的庫斯科和途中驚見的駝羊群，都算是安第斯山山上的一場奇妙的邂逅，非常令人感到震撼。

　　就像去過的柬埔寨吳哥窟、埃及的路克索、亦或土耳其艾菲索古廢墟一樣，拜交通便捷之賜，每天有成千上萬的觀光人潮湧向馬丘比丘。一路上，我一直感到納悶，為什麼世界上許多古文明在歷史洪流中，都會自我沉淪並走向衰敗呢？是歷史輪迴的宿命使然，或是所謂「成就造成安適，安適造成了滯留，而滯留造成自我了斷」呢？思之，令人感到悵然。

　　離開古印加帝國中樞城市庫斯科，領隊在經過南美脊樑安第斯山的侄魯班巴河谷時，一再介紹這地區就是孕育印加文明的搖籃，並且一再強調安第斯山天空上的一抹白雲常會成為初來旅人的一種召喚。但是我認為在安第斯山上的邂逅，才是一種揪動心靈的呼喚。中國大陸作家余秋雨說過，旅遊對老人家而言，是在向這個曾經待過的世界做一種壯闊的告別。我們都已是七、八十歲的老朽，單來這趟，快樂滿分，已屬不易，還真會有下一次嗎？

跟著熱情地舞動吧！森巴

生活即海灘的生活哲學

（巴西 / 里約熱內盧）

　　有人以憂傷感性的探戈來象徵阿根廷人的高傲和任性；有人以印第安人排笛悠悠悱惻的曲調來比喻智利人的與世無爭；有人以吹奏打擊樂器的安第斯音樂來推論祕魯人的自我肯定。然而，這些比喻和推論，不是不夠周延，就是以偏概全，我認為只有用森巴舞蹈的熱情和奔放，來形容巴西人的民族性格，才是真正的貼切。

　　抵達里約熱內盧的時候，接機的人是一位台灣裔的小姐，她要我們管她叫阿寶。在車上她用流利動聽的鄉音，詳細幫全車的阿公阿嬤介紹了巴西和里約熱內盧。當她介紹到如何欣賞巴西女孩臀部美的時候，我覺得她所言甚是，不然車窗外怎麼到處都是身材姣好、臉龐俏麗、膚色健美的女孩。據她說巴西人混雜了太多血統，所以男的俊，女的俏，不像巴拿馬人保持原種的老樣子，又醜又矮。她還開玩笑地說：「上帝一定是巴西人，要不然地球上的所有好康的，怎麼都給了巴西呢？現在巴西的錢不僅僅淹腳目，簡直快淹到巴西人的脖子啦。」

　　還沒到巴西遊歷之前，一般外國人對里約熱內盧的印象，僅止於它在科可瓦多山上那座巨大的耶穌雕像，和它一年一度狂歡的嘉年華會。但不能不提起的是巴西人「生活即海灘」的生存哲學與「森巴舞性格」。從市中心的商業區到舉世聞名的依帕內瑪（Ipanema）和科帕卡巴那（Copacabana）兩處海灘走過一趟，我即刻感覺到它是全世界最令人驚艷的港口城市。香港、舊金山、

雪梨雖然也各攬勝場，但里約熱內盧四周的連綿山勢和原始森林景觀，讓世界其它港口城市的名聲無法跟它一起做評比。從清晨到黃昏，穿著比基尼和海灘褲的男男女女、老老少少就開始展開他們的各項活動或日光浴。

搭乘觀光火車上科可瓦多山山頂，俯瞰弧形的瓜那巴拉灣，並眺望整個清新又美麗的城市。頂峰巨石上展開雙臂，形同十字架耶穌巨型雕像，面對浩瀚無際的大西洋，一如美國曼哈頓島上的自由女神像，皆具歷史、人文和藝術的重要意義，兩者同樣是該城市的標誌，更難得是它們同樣都能吸住全世界人仰慕的目光。紐約自由女神像象徵美國，而里約熱內盧的耶穌巨像恰恰象徵了巴西。

傍晚，一定要搭纜車上糖麵包山欣賞夜景。同樣是世界三大夜景之一，日本函館的夜景靜謐得有點肅穆，香港的高樓太多太密集，像人造叢林的夜色，里約熱內盧的夜色像顆巨大的藍寶石，隱隱約約綻放著迷人的光彩，特別令人迷戀。我們特別跑到每年舉行嘉年華那條街，街兩側的貴賓座席是固定的，供遊行的路段不長，不像螢光幕上所呈現的特殊效果，以為嘉年華的隊伍好似長得沒盡頭。旅行社安排一場森巴舞秀，從那些體態俏麗、臀部渾圓厚實的森巴女郎身上、華麗誇張服飾以及她們熱情奔放的舞姿中，同樣有臨場的參與感，和對於情慾方面的想像空間。

的確，巴西的經濟實力已擠進世界第八大，儼然以拉丁美洲龍頭自居。它已擺脫了貪窮、罪惡、毒梟、殖民和內戰的夢魘，以多種混血的體質和成功的民主制度走出了自己的未來。臨別的時候，阿寶語重心長告訴她的台灣鄉親說：「在還沒能學上巴西人的浪漫樂觀、堅韌進取之前，先讓我們跟著熱情地舞動吧！森巴。」

莫內最完美的傑作 —— 莫內花園

印象派畫迷必訪的聖地

（法國／吉維尼）

　　我們每個人終其一生都有一個想完成的夢。虔誠的穆斯林想去麥加朝聖，高爾夫球球友想去蘇格蘭聖安德魯斯（St Andrews）皇家老高爾夫球俱樂部（Royal and Ancient Golf Club）打一場球，而對印象派畫畫迷來說，法國維吉尼莫內花園一定是他們一生必訪的聖地。

　　不管懂不懂畫，亦不管懂不懂印象派，一有莫內的畫作在台北展出，總是造成萬人空巷，非常轟動。以最近那一次定名為「莫內花園」的展出，參觀人次就超過 4、5 百萬人。以河岸風光、池塘一隅及水景三大主題系列展出的各個展件，都是精彩絕倫，令人驚艷的無價之寶。

　　被喻為「印象派之父」的莫內，擅長光色與陰影層次的表現和處理，尤其在他創作的後期，吉維尼自家花園裡的小橋、池塘、垂柳、睡蓮都成為他巨型畫作的泉源。透過不同光線和色調的微妙變化，將淡紫和黃色整合在互補色的和諧中，將白色和綠色的變異呈現引人遐思的緊密感，不論藍藍或紫紫，或嬌羞或艷麗的睡蓮都呈現美好的姿態綻放。他畫水蓮，也畫湖水下水草的律動，完全擺脫傳統所賦予客體的精確描繪，冷冷地勾勒出客體的輪廓，追求一種失真的過程，這種進程透過假定題材，將他導向抽象形式，而睡蓮也成為一種描想的夢，吉維尼小花園可以說是莫內晚期曠世鉅作的繆思。

　　我兩次專程從台中趕去台北參觀展出，整天浸潤在「莫內花園」像夢幻般絢麗的色彩和光影裡，心中一直渴望有機會，像朝聖者一樣，親訪這座像印象派殿堂一樣的花園。趁著參加瑞法之

遊，特別要求旅行社把它列入行程內。我們塔專車由巴黎出發直奔吉維尼，沿途的美麗景色，一如莫內風景畫中所描繪的一樣。途中還特別在莫內分不同季節、不同時份作畫的維諾（Vernon）教堂做停留。

莫內花園座落在法國諾曼第半島上，稱作維吉維尼的小農村。莫內花園除了有一棟紅牆、綠木窗的長方形二層樓建築當作住家兼畫室之外，其它的空間都是花團錦簇的花圃。住家每個房間都有窗戶面向花園，花園面積約二畝大，設有三條花棚架的步道，走到底左轉地下道，循著小溪、花徑就可看到一潭湖水，池塘中漂浮著蓮花和一艘小船，兩岸垂柳深深，湖上還特別建了一道日本橋，濃密的紫藤幾乎爬滿整座橋。

莫內在這座園邸生活了 43 年，他給朋友的信中曾提到：「我愈來愈離不開 Giverny、房子和花園，完全呈現我的風格。」又說：「我最為完美的創作，就是我的花園。」的確，這座草木如茵、花枝招展、五彩繽紛、水光幻影、如詩如畫的花園，完完全全是莫內全付精神的投射。莫內在這裡創作出舉世聞名的荷花和絢麗園林系列，換言之，沒有這個花園，就沒有莫內晚年那些藝術的創作。莫內花園儼然是印象派的聖地，每年開放參觀僅七個月，卻吸引來自世界各地印象派朝聖者近 400 多萬人次，真是不可思議的盛況。

參觀莫內的故居，把所見的一草一木，一景一物，與他晚年的每幅作品相對照，每一瞥視的瞬間，即能深刻感受到那股真實和虛幻混淆所感受的悸動。如詩如畫的園景不僅是莫內精神的化身，園景本身就是畫，自然界的美感與畫中人文的美感在這裡合而為一。當人們身歷在莫內花園內，更能領會一代大師的藝術精髓。單從園區那一池水塘，靜下心仔細觀賞，垂柳、楓樹、細竹、水鳶花、麗春花和玫瑰花叢，無不是一場豐盛的視覺饗宴。對於印象派畫畫迷而言，莫內花園絕對是必訪的聖地。

壯麗的凱拉薩神廟

鬼斧神工鑿刻出來的建築

（印度 / 奧蘭加巴）

　　完成一座教堂或寺廟的建造，花上一、二百年是屢見不鮮的事。被列入世界遺產的德國科隆大教堂始建於 1248 年，幾經波折，直到 1880 年最後才完成。大教堂長 144.5 米、寬 86 米、高 43.35 米，共用 16 萬噸石頭如同石筍般建築而成；西班牙巴塞隆納聖家堂於 1882 年動工，到現在還未完成，預計要到 2026 年完工。整個聖家堂總共將建造十八座高塔，高度從 98.4 米到 170 米不等。由於超現代的造型和風格，它是全世界唯一還未建造完成，就被列入世界的遺產，這些耗時、耗費、又耗工，由宗教信仰所延伸出來的偉大工程，或稱它們是藝術品，真是讓人望之彌高，嘆為觀止。

　　比起前兩座教堂所費精力、建造時程和藝術價值，印度奧蘭加巴（Aurangabad）艾羅拉石窟群的凱拉薩神廟（Kailasa Temple）不遑多讓，它們最大的不同是建造的材料和工法，前兩者以往上堆砌的加法方式，後者則以往下鑿刻的減法工法。凱拉薩神廟的建造，沒有現代的機具，只有最原始的雙手、鐵錘和鑿子，它的存在已經是非常非常遙遠以前的事了，能媲美中

國敦煌佛窟的印度阿旃陀石窟（Ajanta Caves）和艾羅拉石窟（Ellore Caves）。阿旃陀 30 座石窟沿著好幾公里長的馬蹄形峽谷建造，艾羅拉 34 座石窟則建在長達二里花崗岩岩壁上，每天慕名而來的國內外觀光客如過江之鯽，大多是由於那些石破天驚的石窟特別吸引人，然而直衝著艾羅拉石窟群中的凱拉薩神廟（第十六窟）來的不算少數。

　　凱拉薩神廟是從一片縱深 80 公尺、寬 40 公尺、高 32 公尺，重量幾達四、五百萬噸、碩大堅硬的花崗岩開山鑿壁雕刻出來。它的面積有名列世界七大奇觀的雅典「巴特農神殿」的兩倍大，並由拉什特拉庫塔王朝克利希那一世所下令建造，目的是宣揚他個人的鴻功偉業，依照印度教傳說中濕婆神隱居的神山 - 凱拉薩山為模型而建造，以七千名勞工，前後花了 150 年才完成。整座神廟的建造，從崖頂向地面挖掘，切削出三面石壁，中間鏤空的神廟猶如從地上陡然升起，單是移走的廢石就超過 240 萬噸，它是全世界最具代表性的石窟開鑿絕色建築。其規模之大、工程之艱鉅、雕刻之精美、場景之壯麗豪華，可以說是舉世無雙。

　　凱拉薩神廟馬車般的主題建築，由門樓、祠堂、前殿和主殿四個基本單元組成。自東向西作中軸線式的排列。西面入口處是一座高大的長方形門樓，遮罩著整個神廟，隔絕了外界，進入門樓便是一座雙層亭閣，是供奉濕婆坐騎南迪的祠堂，祠堂兩側各有一根高約 18.3 米、雕飾豪華的幢柱，柱旁分立兩隻大象。南迪祠堂後面是前後相連的前殿和主殿，前殿內部是由四根一組，共十六根柱子支撐的會堂。主殿高大雄偉，神像林立，從頂端延伸的三層廟塔精巧無比，四壁迴廊上雕刻許多神采各異、栩栩如生的雕像。神殿中楣上雕刻一整排的大象，展現強勁威武之姿，令人嘆為觀止。

前殿南北外側各凸出一座門廊，在其寬闊的方形平頂中心，刻有碩大的三重蓮瓣浮雕圖案，上面還雄踞著四頭造型勇猛的獅子。由於神廟主要是供奉濕婆神，故內外壁面及壁龕刻滿相關神祇圖像，北廊刻著「羅婆那撼動凱拉薩山」，南迪神殿及前殿基壇上，刻有長達數百米《羅摩衍那》及《摩訶婆羅多》兩大史詩的故事，全部充滿戲劇張力，相當生動壯觀，而主殿外壁雕刻著著名的那塔羅闍、濕婆神跳舞的姿態。印度教認為濕婆的神力來自祂所精通的 108 種剛柔並濟的舞蹈中，印度教教徒稱它「宇宙之舞」，主殿內側的神龕當然是供奉象徵濕婆神的「靈根」。

　　參觀這座印度古文明所留下的世界遺產，不單單是在看已經隨著時間消逝的東西，而是在看它彷彿還活著的生命力。一座凱拉薩神廟就足讓參觀者盤桓整天，並從內心對這件舉世無雙碩大精美的藝術品，發出感佩的讚嘆。印度教縱容性愛歡樂、生殖繁衍的思想，我們從這些充滿印度式熱情和創意的雕刻就可以深深感受出來，面對這些千年以上的精美藝術品，除了對那些無名的「藝術家」表示由衷敬佩外，卻也更能體會出生命流逝的滄桑，以及它們的美好。

找到了梅杜莎的頭顱？

古典文學的新生命

（土耳其／伊斯坦堡）

　　土耳其的伊斯坦堡是一座橫跨歐亞大陸、充滿浪漫和榮耀的國際城市，上千年以來是東西文化、經貿、商旅和傳教士互通有無的門戶。它本身自西台帝國以後，歷經馬其頓帝國、羅馬帝國、拜占庭帝國與鄂圖曼帝國的統治，其歷史淵源流長，即便拾起一塊它的舊磚瓦都有千年的歷史。

　　一座千年的古城，在感覺上，多少還是難免嗅覺到一些古文明的憂傷，和新舊文化衝突的印記。誠如土耳其當代著名作家、諾貝爾文學獎得主奧罕穆克在其作品《伊斯坦堡》裡頭所指出，一種心靈上鬱卒所產生莫名絞痛的「歷史呼愁」，像是霧濛濛的窗戶，介於這個城市的人民與世界之間。

　　愛上土耳其這個國家的旅人，無非是衝著西元前六世紀就富甲一方、有十萬人口並充滿生活機能的舊城市艾菲索（Ephesus）廢墟而來，或者是為追憶千百年前在愛琴海海邊的特洛伊（Troy），所發生「木馬屠城」那段壯烈的愛情戰爭，要不然就是為著到卡帕德基亞去傾聽文明與岩石的對話。而愛上伊斯坦堡這個古都的旅人，無非是衝著索菲亞和藍色清真寺盛名而來。那些背負歷史恩怨、氣勢磅礡的建築，固然令人驚嘆仰慕，但我兩次到伊斯坦堡旅遊，我總是喜歡流連在城市的一個昏暗的角落——它的「地下宮殿」（Cyerebaton Sarnici），因為現代的文學家終於在這在這兒找到了蛇髮女妖梅杜莎被柏修斯所砍下的頭顱。

　　梅杜莎（Medusa）是希臘神話中三個蛇髮女怪之一，有的故

事說她們是蛇髮美女，有一說她們是面目醜陋的女妖，誰直接看到她們即刻就會變成石頭。有關她們身世的版本不少，她們從哪兒來，被柏修斯（Perseus）割下的頭顱下落又去了哪兒？不過，梅杜莎和柏修斯的故事絕對是希臘神話中最富哲理（大自然不可窮究）和淒美的故事。文藝復興以後，許多歐洲藝術品，尤其是柏修斯與杜梅莎的石雕，都常以它們為題材。

　　我個人比較喜歡希臘神話的後期版本，杜梅莎之所以變成可怕的蛇髮女妖，是因為海神波賽頓與貌美的梅杜莎在雅典娜的神殿中纏綿，被觸怒的女神憤而詛咒的結果。柏修斯把梅杜莎恐怖的頭顱砍下之後，有關它的去處，一說是交給了海神波賽頓，將她的臉朝下，輕輕放在大海深處布滿小水草與枝椏的海床上，梅杜莎危險的目光，遂把脆弱的水草幻化成璀璨迷人的珊瑚；而另一說，是說柏修斯藉著魔法仙女給的三件寶物，把梅杜莎的頭砍下裝入神袋，飛行鞋御風而飛行，飛越利比亞的沙漠，而神袋裡頭顱的血，滴落在沙漠上，因而沙漠上出生了各類的有毒彩蛇，最後柏修斯乘風而去，不知道把梅杜莎的頭顱藏匿在什麼樣的神秘地方，留給後人很大的好奇和想像空間。

　　其實，所謂「地下皇宮」只是建於西元 532 年的地下水庫，其功能是貯存民生用水，它的建材取自戰爭後被破壞的神廟或宮殿，水庫精雕細琢的廊柱和佈置一如宮闕氣勢，而且在幾根廊柱的下面，扎扎實實壓置著梅杜莎的頭顱，神話中的萬年奇案，似乎在這裡找到了答案，考古學家挖掘了這個古跡，後人把它改成了文創的藝文中心。昏黃的燈光，配合輕柔的古典樂曲，在充滿浪漫和遐思的地下皇宮，喝著咖啡，聆聽古文明與現代人對話，再重溫一遍梅杜莎與柏修斯的神話故事，享受伊斯坦堡文創工作者，為我們解開千萬年懸案祕密的那股無法言宣的滿足和喜悅。

感人肺腑的降旗典禮

生活自發性的表現

（不丹／廷布）

　　不丹（Bhutan）是一朵孤懸在喜瑪拉雅山上謎樣般的彩雲。她的美不單純是在她的自然景觀。白皚皚的雪嶺、蒼翠的河谷、和銀帶似的溪流，世界許多地方都可以看到，不足為奇。不過，那些景觀一搭襯了不丹傳統的文化、豐富的人文和虔誠的宗教等色彩，整體圖貌更具靈氣和美麗。迂迴的山路到處有彩色的幡旗飄揚、林間的小溪上有孤單旋轉的經輪，山區小村落的角落有各種色彩石頭堆砌的小佛塔，一個山谷又一個山谷都可看見造型和色彩很特別的宗堡，讓所有到訪旅者，不論到過多少地方，都很難不為這個夢幻般的國度著迷。

　　不丹是以藏傳佛教立國的王國，政、教、法集於一尊。1961年之前，可說還是處於與現代文明絕緣的中古社會，直到1974年才對外開放觀光，2008年舉行首次國會直選。為防範觀光對傳統文化及人民生活造成過度衝擊，採取以價制量的策略，每人每天需付200美金的規費，旅費高得嚇人。不丹政府以「國家整體幸福」（GHP）取代「國民生產毛額」（GNP），主張除謀求經濟發展之外，要兼顧傳統文化的延續和自然環境的保護，「維護我們的傳統」遂成了不丹人的座右銘。

　　同時，不丹正逐漸由與世無爭、清淨無為的香格里拉形象，轉變成一個獨立自主的政治實體。對她們傳統文化非常堅持，規定每個國民外出必著國服，男人穿「幗」，女人穿「旗拉」，所有建築也得依照傳統形式搭建，不論是醫院、銀行、學校或住家，全國一致朝著追求物質上、情感上和精神上多面向的「最大幸福」

國家總體發展。

　　我們從百羅出發，經普那卡、布唐、甘德，跨越貝利拉隘口和大丘拉隘口，一路都在海拔 3000 多公尺山區翻山越嶺，經過十天才抵達首都廷布（Thimphu），沿途深深感受到傳統藏傳佛教深入人民生活的各層面，那種屬於不丹國度特有的情景，讓人沉迷。另外，從廷布札西秋宗（全國政教中心）一場揪動人心的降旗儀式，更是讓人印象深刻，並可以體悟出，人類物質生活發展到目前的極限，雷龍甦醒的時候幾乎已經不遠了。

　　不丹的宗堡不純是宗教寺廟，而是類似行政區域中「縣」的行政機構。札西秋宗是不丹全國最大宗堡，全國最高政府部門、國民議會及各大寺院都設在這座有一百多間的屋子裡，每天晨昏都莊重地舉行升降旗典禮。儀式從宗堡內廣場開始，前導者是四名喇嘛，依序跟著二名軍隊號兵，四名持旗手，然後是一排的儀隊，他們儀態莊嚴，浩浩蕩蕩從宗堡走向五百公尺宗堡外旗桿前停下。首先由一位首喇嘛點燃香火，唸誦經文向天地諸神祇祈禱，另三位喇嘛吹起嗩吶，接著由號兵吹響號角，然後全體向國旗敬禮，旗手緩緩將國旗降下，四位旗兵分持四個角頭，高高掀開舉起那面大國旗，依原路走回宗堡，完成一場莊重又有尊嚴、令人動容的降旗儀式，這種儀式像是溶解在不丹人民生活中，處處的自發性文化表現裡頭。就那麼一刻，我想起台灣、國不成國、君不成君的國家處境，竟不禁悲痛地流下男人的熱淚來。

　　著名作家余秋雨認為「文化的魅力在於擺脫實用，擺脫功利，走向儀式。」又認為「只有儀式才能讓人拔離世俗，上升到千山肅穆，萬籟俱靜的高臺。」這趟到不丹來旅遊，有幸地參觀了札西秋宗的涵蓋著文化魅力的降旗儀式，想起余先生那段精闢的觀點，我終於了解到為什麼那種氛圍會讓我感動到淚沾衣襟。

即將消失的黑色華麗

由原始走向文明的不歸路

（肯亞／安波沙里國家公園）

　　黑色在西方文化裡頭有點代表貶損的意思，非洲被喻為是「黑色的大陸」就影射著這片土地某種淒涼、悲傷和憂慮的命運與處境。一個人口超過十億、有著六十幾個獨立國家世界的第二大洲，由於衛生條件差，疾病叢生，環境污染嚴重，政府腐敗，以及教育和人民自律不夠，直到目前仍是世界經濟發展水平最低的一個洲，一年貿易額僅佔全世界百分之一，貧困程度可見一般。

　　出遊非洲還得先自費花四、五千塊台幣打黃熱病預防針，這個地區似乎不是喜歡旅遊的台灣人的首選。不過，以另外一個角度來觀察，非洲又是全地球自然生態、地理景觀和人文條件最豐富的地區之一。這片黑色的非洲大陸上，大部分地區的地理景觀，無論是沙漠、高山、草原或動物棲息地，地形和地貌可以說千年還保持原本的模樣，一種真正表現出屬於這個地球最原始的純真和美麗。美國大文豪海明威形容非洲的原野是，一個「不可捉摸，無從想像，難以置信，更永難忘懷」的地方。到這兒旅遊或生活一陣子，不但能鼓舞人們的心靈，並且能夠攪拌人們的靈魂使之飛舞。花上個把月，乘著專人駕駛的吉普車，在非洲遊獵（safari）是最經濟實惠的旅遊方式。以攝

影機或照像機代替獵槍，動物無國界，我們跟隨著它們野性的呼喚，在非洲三大動物保護區安波沙里國家公園（Amboseli National Park）、恩格龍格羅火山口（Ngorongoro Crater）及賽倫蓋緹國家公園（Serengeti National Park）遊獵，一路感受那股由野性魅力所激發出來的心靈悸動。

到非洲獵遊，一般是從肯亞奈洛比直奔安波沙里國家公園開始，並以參訪生活在非洲極地的馬賽人聚落揭開序幕。安波沙里國家公園是一片無邊無際的草原，以非洲第一高峰吉力馬札羅山（Mt. Kilimanjaro）壯麗的山容為背景，架構成一幅渾然一體的自然美景。馬賽人是肯亞 42 個生活在極地少數民族之一，人口近

90 萬。現今依然活躍，主要活動範圍在肯亞南部及坦桑尼亞的北部，至今仍然過著傳統、終年成群流動遊牧的生活方式。他們以刺槐多刺的殘枝當圍籬，以一小間一小間無法挺直轉身、泥巴砌成的房子當住家，排成圓環狀，在空曠原野組建一處聚落，形成一座小村莊，每個村落大概容納四至八個家庭及牲口。沒水沒電，沒任何公共設施，還過著像原始人般的生活。

　　以紅色系列的大圍巾把自體包裹起來的全聚落男女，女生在頸部掛了多串編織的圓盤式珠鍊，男生則各個手持一枝長長的藤條，整個聚落除老弱婦孺外，全體總動員，隨著單調的節奏，上下左右搖擺，跳起迎賓舞。從他們修長黝黑的身影，與充滿律動的美感，旅遊者就已開始接觸到非洲黑色的華麗。

　　這些生活在極地的少數民族本來安貧樂道，過著與世無爭的日子，如今文明的腳步已一步一步侵蝕了他們的生活圈，他們生活的基調開始產生極大的變化，並且走了樣。他們開始學會以行銷方式、以兒童天真的歌聲為旅客獻唱、以出售手藝品換取生活。當一部又一部四輪傳動的吉普車席捲了這片土地，四處追逐著動物跑，不斷碾翻保護區的草原，嚴重毀損原有的植被，不但草原迅速沙漠化，更影響到動物正常的棲息，對整個生態逐漸破壞，後果堪慮。也許再過不了多久，馬賽人等非洲少數民族黑色的華麗將逐漸褪色，由原始走向所謂文明的不歸路。

　　海明威的短篇名著雪山盟（The Snow of Kilimanjaro）發生在海拔 5895 公尺、終年積雪的吉力馬札羅山頂上，一處接近上帝殿堂附近，以一隻風乾的死豹做引子，引出一段故事。從來沒有人為那隻風乾豹子的動機做過解讀，就好像沒有人為現代馬賽人、非生存所必需，做出任何偏離常軌與理性的解讀一樣。

非洲動物大遷徙

象徵死亡與新生的儀式

（肯亞、坦尚尼亞／瑪賽倫蓋特國家公園）

　　人類的所有創作怎會比得上上帝的任何神蹟，光一隻鳥或是一隻動物，匪夷所思的配色、精緻纖細的架構與美妙的動作，就足讓人們大驚失色。無論是在肯亞馬賽馬拉國家公園（Masai Mara National Park）、坦尚尼亞恩格龍火山口（Ngorongoro Crater）、或是在橫跨非洲三大動物保護區賽倫蓋提，成千上萬的動物、幾百種的鳥類，數量之多，讓人目不暇接，精彩之處，讓人目瞪口呆。到非洲遊獵，如果沒有親睹一場轟轟烈烈動物大遷徙的盛會，就等同白走了一趟。我們是在八月底九月初那段時間，從肯亞邊界開到坦尚尼亞的阿陸曼，進入了賽倫蓋提國家公園，其實三者是合而為一的一片無邊無際的大草原。從動物生態活動範圍角度來看，一般所提到的國家公園，僅是屬於瑪賽倫蓋特生態系統的一半大而已。動物無國界，牠們隨著季節和氣候的變化，逐草決定牠們的活動走向。

　　早在 1961 年，當時的職業獵人就發現動物大遷徙（animal migration）的大自然奇觀。根據統計報告，在賽倫蓋提至馬賽馬拉整個自成完整的食物鏈裡頭，每年有超過一百萬頭黑尾牛羚（俗稱角馬）、十五萬頭斑馬和三十五萬頭瞪羚，從原本散居的賽倫蓋提南部，不約而同地組成一大隊一大隊，浩浩蕩蕩輾轉走到馬賽馬拉，在那裡短暫待了一、二個月後，又千里迢迢走返原居地。年復一年，千年不變。

　　動物大遷徙是大自然生態系統食物鏈的原則。帶領百萬大軍

的先頭部隊是愛吃長草的草原斑馬，草的底部留給愛吃短草的牛羚。牛羚吃飽離開後，草剛又長出了嫩草，正好是走在後面瞪羚的美食。從動物大遷徙的活動過程，不難發現這個區域是片顯著的多元性生物自然生態棲息地，同時又擁有出色的自然美景與美學重要性。

其實參與食物鏈運作過程的還有食肉動物、食腐動物、小昆蟲、鳥類等等。一般統計顯示，這些動物一年會走約 3000 公里的路，途中危機四伏，像要渡過馬賽馬拉河時，有超過三米半的巨鱷等著長口獵食，或者路上有獅子、野豹等著掠食。動物大遷徙的過程可以說是歷盡生老病死的旅程。有多達一半的牛羚在途中被獵食或不支而死。不過，在同時段亦有四十萬頭牛羚在雨季來臨之前出生，為沒完沒了的艱苦旅程添加生氣。能夠親眼目睹非洲動物大遷徙如此壯烈、奇妙、懾人心靈的場景，一場象徵死亡與新生、毀滅與希望的生命儀式，感動之餘，內心不時對那些未完成的生命，與那些在途中被斬斷的青春，頻頻發出頌軼和詠歌。

坦尚尼亞的恩格龍格羅火山口與賽倫蓋提國家公園分別於 1979 和 1981 年被列入世界遺產，受到相當的保護。坦尚尼亞總統賈卡亞‧基奎特曾經研議興建一條橫貫賽倫蓋提國家公園的公路，當時國際社會認為會對區域內動物遷徙和生態系統，造成永久性的破壞，而公開反對，所幸得以暫緩。不過，有識之士還是心懷著極大的憂慮，只要人類貪婪自私心態存在，發展經濟無限上綱，未來人口擴張所帶來的壓力，誰擔保不會重開建設計劃，思之令人感到黯然。

苦澀的北極風景畫

孤寂與蒼鬱的美感

（格陵蘭 / 伊魯利薩特）

　　不少人去過阿拉斯加，但很少人去過它北極圈內的貝諾
（Barrow）。不少人去過格陵蘭島，但很少人去過它北極圈內的伊
魯利薩特（Ilulissat）。

　　貝諾屬於凍原，寸草不生，幾乎是個沒有人煙的極地，而伊
魯利薩特雖擁有特殊地貌和地理環境，多少還可以看見綠色的植

被，以及住家院落所栽種的應時盆花，居民不多，只近五千人，兩個分處北極圈內極地，同樣映現著一股孤寂與蒼鬱的美感。

　　台灣畫家何懷碩在其著作《苦澀的美感》一書裡頭說：「我企圖將那個自然世界塑造成一個象徵虛寂而怪誕的天地，在它裡面表露了深重的孤寂與蒼鬱，荒涼與淒楚，表現對如同喚不回童年那樣的傷痛。我總是嚮往苦澀的美感。」在貝諾、或是在伊魯利薩特，我所看見的景象和感受到的心情，就如同何先生所描繪嚮往的一模一樣。

　　北極圈一年幾乎有二百八十天是不見天日的長夜，只有短短二、三個月的夏天，會迎來一些想一睹午夜太陽的旅者。一般旅行團走格陵蘭島的行程，因為太偏遠，食宿不便，收費又很高，大都從冰島雷克雅維克飛首府，當天往返。不過，我們這一趟走冰島全境，並且特別安排在伊魯利薩特住了兩個晚上，就是為著親身體驗極地生態環境，感受極地那股令人屏息、粗獷勁道的景觀和寧靜得宛如太古般的氛圍。

　　三十六人座的小飛機一飛到格陵蘭島上空，機長特別降低飛航高度，讓乘客能在三千多尺的空中，鳥瞰覆蓋著冰雪的浩瀚冰原，雪白景象縱橫幾百公哩，像一張舖開的大畫布，偶爾見到一、二點黑色的山頭，像中國文墨畫家不小心灑落在白色宣紙的墨汁一樣，有種空靈的抽象美感。

　　伊魯利薩特在當地語意，是許多冰山的意思，有人形容它是顆海灣裡的珍珠。它是格陵蘭島第三大的城鎮，由於擁有冰川、冰山、峽灣等特殊地理環境和景觀，2004 年已被聯合國列入人類自然遺產。從機場繞過一個泊滿小遊艇的美麗碼頭，爬上一座小山坡，就到了市區。除了幾座油庫和發電廠等公共建築之外，

所有住家多是木製房子，房子都漆上鮮艷的色彩，像彩色的積木，擺置在海邊岸上的童話世界，介於虛幻與真實之間。沿著一段崎嶇的古道走向薩美奴平原，一處三千年前就有人居住的地方（據稱當時有一個約 250 人住的村莊），古道兩旁盛開著各種顏色的小野花，為了不破壞薩美奴平原原生植物和生態，一條架設完整的木棧道，可以走到伊魯利薩特峽灣的盡頭。站在懸崖面對峽灣內，一望無際、載浮載沉巨大冰山，不禁讚嘆大自然神奇的魔力，以及造物者那雙屢現奇蹟、看不見的「也許的手」。

　　在午夜的陽光下，搭乘遊艇在峽灣內漂浮的冰山間巡航；或者在北邊八十公里處的艾奇冰河（EQI Glacier）做一趟巡弋之旅，晶瑩剔透的冰山似乎觸手可及，巨大遼闊的冰河河舌，直接傾注入海，近距離觀賞冰河崩解的過程，體驗冰河移動時、驚天動地的聲響，以及冰山傾塌海中的壯觀場景，午夜夢迴的時候，常常會再映現格陵蘭島的千古冰原，以及不由自主回憶起這些生存不易的極地，它們的美麗與哀愁來。

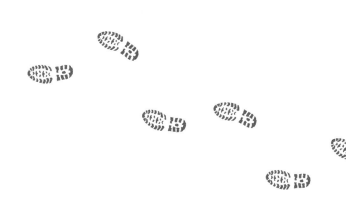

冰島的國會斷崖

從野蠻走向文明的小亮點

（冰島 / 雷克雅維克）

　　剛開始，我對我那位快五十歲、已經當了公司執行長的兒子的行徑，有些納悶和不解，因為他老是在孫子面前，討論《海賊王》動漫的故事。無獨有偶，最近，報載日本《海賊王》漫畫書，銷售量破億本，已打破金氏紀錄。好奇打開網站看了幾集，方知道盜亦有道，在海賊王那些故事裡面的對話和情節，都是植根在所謂「正義和責任」的理念主軸上。

　　旅行者大部分都知道，北歐四國的人民大都是海盜維京人的後裔，但是他們從不為過去做申辯。對他們來說海盜並不是猙獰可怕的名詞，我們可從冰島史詩薩迦（Saga）裡頭，了解那些從北歐出發，移居在冰島的海盜後裔的基本價值觀。薩迦的內容主要是英雄故事和家族傳奇。故事的主人翁都是海盜或當了海盜後來才發跡出來的人物，他們的觀念都是北海海盜式的思維，也就是他們認為「這個世界是充滿危險的，它與生俱來的問題足以把心地善良的好人摧殘殆盡，但它又容許人們不失尊嚴地活著，為著自己和親近的人承擔起責任。」

　　了解冰島必須先了解冰島史詩薩迦，要了解薩迦先得認識辛格維利爾（Pingvellir），因為冰島歷史上的重要故事都與這裡有關。薩迦是冰島的魂魄，而辛格維利爾卻是這種魂魄的安息地。薩迦的故事從辛格維利爾開始，旅遊冰島也當從這裡開始。辛格維利爾被稱作議會舊址，離歐洲大陸板塊和美洲大陸板塊分離時

所留下「地球的裂縫」不遠，是一片開闊的谷地。谷地有一片長達七、八公里、高約三十米的嶙峋峭壁作為屏障，峭壁其實就是板塊裂縫噴出的岩漿凝固而成天然圍牆，氣勢不凡。從公元十世紀到十八世紀末，這裡就是冰島開放式的野外議會，每年固定在六月召開，是世界最早的議會，比英國議會出現還早了三百年，它是人類從野蠻走向文明的小亮點。辛格維利爾國會遺址，是在冰島國家公園轄區內，2004年聯合國教科文組織已把它列為世界自然遺產。公園設有木棧步道，盡可能保持生態原貌，路旁栽滿花花草草，谷地南面是冰島第一大湖 ── 議會湖，一幅賞心悅目的景象。讓來訪者走起路來，感覺到輕鬆愉快。

打家劫舍、違紀犯法的海盜，一旦落地生根，為著生活安定，他們開始試著把個人行為交付給社會公正，而社會公正恰好是文明的前提。這個每年由冰島三十六個地方首領聯合舉行的議會，似乎是他們的仲裁機構，判斷他們榮辱是非。辛格維利爾議會見證了冰島這些海盜在法律的前後，安頓自己的血性情義、提昇自己的人格和靈魂，脫胎換骨的歷史過程。

前後二次來到國會斷崖，除了觀光客以外，一路上似乎找不到人的蹤跡。這塊千古冰原似乎也不在乎外界所謂文明社會的高低尊卑、升沉榮辱，地處世界邊緣，沒有任何大型企業，但每位冰島人都可以自由到世界任何一個角落生活。據說冰島總統「需要考慮的是創造出什麼力量，能使遠行的國民思念這小小的故土。」這種見解又是另類文明的亮點。嚴格說來，冰島的自然和地理環境比台灣遜色多了，遍地火山石礫，苔原廣布，無法耕作，草地面積佔百分之廿四，勉強有些牧場。唯一一條環島公路，在高低起伏的海邊繞行，路上人車不多，有點蒼茫的冷酷。雪原間跌宕不已的漫長曲線，似乎在描繪這個國度曾被譽為世界最富裕、最幸福的理由、歷史與生命。

狂放的海盜博物館

不作虛偽矯飾的歷史展現

（挪威 / 奧斯陸）

　　一千多年前，維京人一直猖獗在現今的北歐境內，他們從八世紀到十一世紀一直在做著強取豪奪的海盜活動，北海、地中海、歐洲沿海和英國島嶼常受其害。當時，北歐的海盜惡名昭彰，地球上很多地方為之驚恐萬狀，聞風喪膽。

　　瑞典、挪威和丹麥的國民絕大多數都是海盜的後裔，他們對他們祖先搶掠燒殺的那段歷史，既不感到羞愧，也不感到光榮。歷史上，每一事件的發生本身都有背後支撐的理由和條件，他們誠實記述，平正展現，既不曾為他們海盜祖先招魂，也不曾為他們祖先的暴行致歉。丹麥哥本哈根的海盜博物館也遠近馳名，每年參觀人數超過全國人口十分之一。為著應付市場需要，瑞典在其首都斯德哥爾摩歷史博物館的原址，也計劃將原有北歐海盜歷史展覽區，擴建成世界最大的海盜博物館，像日本動漫《海賊王》一樣，不作道德價值取向，似乎更能吸引全人類的目光。

　　奧斯陸的海島博物館建在比格迪半島上，展示當年在奧斯陸峽灣附近出土的維京船，這三艘可以說是目前全世界保存最完整的維京文物。從外面看博物館是一棟三、四層高的現代建築，談不上新奇美觀，不過裡頭竟然是一座挑空的大廳，整個大廳完整地擺放那艘囂張狂放海盜船，展現當時揚名於世的造船技藝，伴隨展出的還包括精美木雕和紡織品。

　　反觀挪威海盜從不為自己申辯，一直保持著沉默和神秘感，

差一點讓世界遺忘他們的存在，幸好他們有以船載棺埋葬的習俗，使一些漂亮的船隻埋進沙土深處，獲得真空保存。這些珍貴文物的出現，不經意地給人類歷史留下確切的痕跡，也添補了那段沒有文字記載的歷史空白。

　　雖然只是展示一艘海盜船，參觀路線規劃完美，參觀者可以從底層一步步往最上層仔細觀賞，有幾個角落還可以讓參觀者全覽海盜船的雄姿，想像當年它在北國的海天間該是何等狂放和舒展。倘若我們也處身在那段野蠻的荒原上，除了自我了斷，是否也跟那些維京人一樣，別無選擇地走向了必然的惡呢？

　　前後二次來到奧斯陸，前一趟為著看挪威的美麗峽灣，這一趟為著轉飛冰島和格陵蘭島，兩趟都花了大半天，流連在這座海盜博物館內，總是對於挪威人這種不作道德取向的立場感到訝異，不過對於他們這種粗礦又單純「歷史的誠實」展現，又由衷感佩。現代人所謂的正統歷史不是過於矯飾，就是缺乏實際史料的佐證，那麼挪威人這種不作虛偽矯飾的歷史展現，不就是現代北歐人被救贖的條件嗎？有某些人類學家認為「野蠻相對於蒙昧是一種進步，且又是文明的前身。」又說維京人劫掠的海盜行徑，「從遠距離看過去，客觀上推動了航海，促進貿易，擴大移民，加強了交流，他們以不文明的方式為文明創造了條件。」倘若旅行本身是一種自我教育，那麼奧斯陸海盜博物館便是一所流動性注意力的最好學校，我又認真地被上了一課，而且略有所得。

忘不了那雙溫暖的小手

不同文化族群在腳步間交融

（印度 / 孟買）

　　四、五十年來，不管是去非洲、中南美洲或臨近的南亞，特別是最近到孟加拉和南印的經驗，我們一路上不是被那些好奇、熱情和善良的人群圍繞著團團轉，就是都可以面對天天出現的陌生笑容。幾十年下來，我終於發現我們這些老人家，為什麼樂此不疲老往這些看似落後貧困的國度跑的原因，無非就是在感受旅途上，那一幅又一幅只可意會不可言傳、但又歷歷在目令人感動的生命風景。

　　到印度孟買旅遊，有兩處非參觀不可的世界遺產，一是哥德式建築的維多利亞火車站，另一個是「象島石窟」。前者是座外觀華麗、雕刻精緻的英國殖民時期的代表性建築，後者則是西元七世紀所留下的神廟。象島石窟位於孟買附近的阿拉伯海的象島上，共有七處石窟，大量展示印度教濕婆神及相關傳說的石雕藝術作品。這些石雕作品件件生動細緻、巧奪天工，尤以第一石窟濕婆神廟最為壯麗。在神廟大殿的天然砂石石壁上，共鑿出九塊大型壁龕浮雕，每片壁龕約 3.35 平方公尺，刻畫濕婆作為生命活力化身的各種面像，包括永恆濕婆、舞蹈濕婆、和濕婆半女像等等，其中以一尊高約 5.5 米的濕婆三面神像最壯麗傳神，堪稱是印度文化藝術的典型代表，乃至世界雕刻的不朽傑作之一。

　　濕婆三面神像分別象徵宇宙創造、保存和毀滅的永恆變化，右側一面為女性，手拈蓮花，恬靜優美，呈現溫柔華相；中間一面是笈多佛像，手托淨瓶，頭戴寶冠，呈現冥想相；左側一面是

忘不了那雙溫暖的小手　61

男性，手握毒蛇，狂暴猙獰，呈現恐怖相。濕婆神受到印度教徒廣泛敬拜，因為祂代表毀滅不過是創造的循環，事物不斷衰敗與再生，就像冬去春來一樣。

由印度門碼頭登上交通船出發，途中可瀏覽岸邊整個孟買港灣、停泊在港內航空母艦和整個印度門廣場，約一個半小時可達終點。在船上，許多陌生的印度人又三三兩兩前來邀請合照，有的又開始與你天南地北的聊起天來。雖然本身英語不很靈光，但真誠使得舉手投足都能傳遞情意，讓自己的情意在異國的天地愉悅地舒展開來。

下了渡輪可以搭乘一小段接駁的小火車，不過從下車處要進入神廟，必須爬上好幾百級的石階，對於我們這些七、八十歲老人家而言，又是一次心力加體力的考驗，正當為是否要請挑伕這件事猶豫不決的時候，一位印度的小妹妹，自動地跑上前來，以她那雙纖細溫暖的小手，一路小心翼翼拉牽著我走上那不算短的山坡。感動之餘，竟忘了爬坡時所受的折磨。原來人與人之間，不管是否素昧平生，也是可以這麼溫情互動的。有人說，旅行讓老人家能以無疆無界的巡遊，向這生活一輩子的世界作一次壯闊的告別。然而，即使是這樣，在我快闔下眼睛那一剎那，我還是會忘不了那些不同文化族群在腳步間、手心內交融的溫馨和美好。

向威廉華勒士致最敬禮

找回了早已失落的美德與情操

（蘇格蘭 / 愛丁堡古堡）

　　梅爾吉勃遜所主演那部電影《英雄本色》，不知賺了多少觀眾的眼淚，也不知激起了多少熱血漢子勇敢的心。全片外景分別在蘇格蘭遼闊的原野和高山上拍攝，不但可以讓觀眾觀賞到蘇格蘭的美麗山川，而且深深體悟到蘇格蘭人剛毅而獨特的民族性。

　　一次的「獨立公投」更使得世人了解蘇格蘭與英格蘭數百年的歷史糾葛，並且搞清楚了蘇格蘭原本就是一個獨立王國，他們對自己的身份有著國仇家恨的失根情結。據報載，那次的公投雖以些微比數沒有通過，但在日本卻引起廣泛的注目，發行已過了好多年的《英雄本色》，竟興起了另一場的轟動。往蘇格蘭愛丁堡跑的旅人，一時如過江之鯽。

　　梅爾吉勃遜把角色威廉華勒士演得絲絲入扣，深深感動觀眾的心。華勒士是名堅毅不屈的男子，不受利誘，寧死不妥協，領導一群本是怯懦無綱紀的軍人，打了一場在歷史上永垂不朽的戰役。華勒士雖在戰役中萬夫莫敵，卻躲不過遭吊死且五馬分屍的厄運。這個片子喚醒了現代人類早已遺失、象徵勇氣、忠誠與無私等美德的愛國情操。而編劇家藍道華勒士撰寫本片的動機，是因他有一次到愛丁堡渡假，聽到有關威廉華勒士的英勇事蹟後，產生興趣，並開始蒐集和研究他的資料，寫成劇本，而後拍成電影。導演和主角梅爾吉勃遜為著力求符合事實，在中古世紀的場景安排上，花費了非常多的心力，從古堡的重新還原至服裝髮型設計，耗費不少功夫。本片完美推出，叫好又叫座，絕非偶然。

現在，不少國家以影視帶動國內觀光潮的行銷策略，蔚然成風，如韓國連續劇、《哈利波特》影集等。《英雄本色》造成蘇格蘭愛丁堡觀光潮，可以說是無心插柳柳成蔭。我和內人這趟再去冰島，不走北歐線，特別選擇橫穿英格蘭到蘇格蘭愛丁堡，再轉往目的地，無非是想要重溫幾年前走過的美好回憶，亦是特意跟著時下潮流，趕一場愛丁堡的旅遊熱潮。

　　愛丁堡城堡是蘇格蘭和愛丁堡的重要象徵。它座落在愛丁堡市內一座死火山的頂上。它的魅力在於它的古韻，六世紀時就成為蘇格蘭皇室的堡壘，比英格蘭的利茲城堡早 200 年，比溫莎堡早 400 年，比德國的海德堡早 600 年，古堡歷盡許多苦痛和滄桑。在蘇格蘭和英格蘭的漫長爭鬥歷史中，愛丁堡人表現出來那種強悍且不屈的精神，體現了整個蘇格蘭人的精神風格。愛丁堡是蘇格蘭的首府，它就像一扇窗，讓人從中看到整個蘇格蘭的歷史文化。蘇格蘭本是個獨立國家，但在 1707 年被英格蘭打敗，才成為聯合王國的一部份。蘇格蘭人性格豪邁灑脫，倘若愛好旅行的人厭倦了英式冷漠，一旦有機會到蘇格蘭，都會像我們一樣全身感到特別舒適。

　　在愛丁堡夏綠地廣場，看到一位化粧成威廉華勒士的街頭表演者，不管是髮型、服飾及臉部化粧，維妙維肖。我特別向他致最敬禮，並很高興跟他拍了一張合照，還特別給他十元美金當小費，這不是施捨，也不是耍闊，只是一種移情作用，也算是一種回饋吧。我們出國旅行的慣例，喜歡以獎勵當地街頭藝術家或藝人的方式，對這片被我騷擾過的美麗土地，作某種程度的回報。

在奇旺守歲的滋味

加德滿都不就是尼泊爾

（尼泊爾 / 奇旺保護區）

女兒出嫁、兒子負笈美國那五、六年期間是我們兩老的空巢期，為著避開過年團圓日家中的寂寥，那幾年的春節長假，我們夫婦都是在國外度過的。我們根本沒想到把旅行當成是一種療癒孤寂的過程，只是儘可能抓住機會去當位快樂、浪跡天涯的旅人。

現代人在都會待久了，心情難免感到壅塞、困頓和窒息，偶爾往偏遠的國度，或深山幽谷跑，應該是一種讓緊張情緒獲得釋放、壓抑的神經獲得解脫的方法。有一年的春節，我們選擇走向世界屋脊、山中的古老王國尼泊爾。在加德滿都遊覽了兩天，第三天正好是農曆的除夕，一大早，我們搭乘的吉普車車隊從加德滿都的旅邸逕往山上跑。在塵土飛揚中，在群山峻嶺間，爬山涉水，迂迴前行。我們終於遠離了滿溢著古文明憂傷的加德滿都，揮別了山下谷地成千上萬的塔尖甍角，再不用面對那一張張流落街頭、受苦受難悲傷的臉龐，再也不用嗅到漂浮在空氣中的腐朽氣息。一路的風光談不上是山明水秀，陡峭的山坡儘是光禿貧瘠「看天吃飯」的梯田，經過六個多小時的顛簸，我們才風塵僕僕來到奇旺皇家野生動物保護區。

保護區在加德滿都南方 120 公里外的雷布提原始叢林中，一大片像亙古空曠的河谷地，被雲深不知處、茂密蔥鬱的原始森林圍繞著。有一條水流湍急的若依河貫穿過谷地，谷地兩旁籠罩著層層濃霧。在氤氳的霧中，保護區度假村派了大象來迎賓。二人一組各分騎一頭龐大的印度象，先沿著水源敷蓋著象草的河床緩緩前行，在象背上馴象師順便向我們細數昨夜野牛、野豬、懶熊

及各種鹿群在河邊喝水所留下的足跡，並告訴我們明天大早，我們將騎大象尋覓犀牛的蹤影，就這樣大象載著大夥到達了園區。

像其他來自世界各地的旅人一樣，我和內人也是第一次遠離台灣，來到這神秘的山中王國的深山內過除夕。在萬籟俱寂的叢林中、在星光點點蒼穹下、在泛著月色的喜馬拉雅山山色中，我們圍繞著一團篝火，絲毫不覺拘束地同大夥兒一齊用餐，喝咖啡閒聊。一邊看幻燈片，一邊聽博物學專家，專題介紹這座佔地360平方公里、瀕臨絕種獨角犀牛和孟加拉虎的保護區。

根據科學家的資料指出，目前世界上的孟加拉虎僅剩下二千多隻，有二百餘隻棲息在尼泊爾境內，而奇旺轄區剩下不到五十隻。獨角犀牛則有三百多頭，散佈在園區內的高原沼澤地。這兩種稀有動物是奇旺保護區的明星。博物學家當場向我們保證，翌日一定可以讓我們目睹牠（們）的豐采。

營火除夕晚會在世界唯一對瘧蚊有免疫力的薩魯原住民，精彩的竹竿舞踏中結束。趁著大年夜山中月色，全部團友才姍姍回到點著馬燈的小木屋準備就寢。面對床前一盞熒然燈火，我推開天窗，讓冷冽的月光灑落滿屋，然後鑽進備存溫燙「水龜」的棉被內，重溫像老祖母照顧孫子一樣無微不至的溫情。在異國山中過除夕夜，意義和回憶特別深長，興奮激動難以成眠，朦朧中似乎聽到導遊在我的耳際，一再重複地告訴過我說：「加德滿都不就是尼泊爾」。

瑞士名峰旅情

看冰雪和名峰相映輝

（瑞士 / 策馬特）

瑞士曾經是世界最貧困的國家，為著營生，百年來輸出雇傭軍幫別的國家打仗，梵帝岡教皇的衛士都是瑞士的年輕人，然而他們不知道為自己而戰，所以選擇中立，由於避免了戰爭的耗損，現在的瑞士已經躍上世界最富裕、最吸引人去觀光的國家之一。

一般旅行團安排瑞士行程，從蘇黎士拉車到日內瓦，一定會去琉森（Luzern），去了琉森一定順便遊覽附近英吉堡（Engelberg）的鐵力士山，搭乘空中纜車，花不了片刻鐘就能登山 3000 公尺高的山頂，欣賞終年積雪、震撼心情的勝景。其實，談瑞士名峰要數馬特洪峰、白朗峰和和少女峰，登山工具從纜車、冰河列車、至齒輪登山火車，登山方式和過程景觀皆有它們特殊的賣點，是鐵力士所忘塵莫及的。

有人說，旅行是一種追尋、一種生活、也是一種挑戰。我則認為是一種圓夢、一種幸福、也是一種學習。因為先前兩趟去過瑞士，除了登鐵力士山，總是與其它三

大名峰失之交臂，也因為有這趟瑞士名峰之旅的經驗，才知道瑞士不是只有名錶、巧克力和如詩畫的風景，瑞士的鐵路系統、高山纜車和隧道工程更負盛名。

　　首先，我們搭乘冰河列車，從聖模里茲到達泰詩鎮（Tasch），再搭短程火車到策馬特，跨越過291座山谷中的橋樑、穿越過91座隧道、翻越海拔2033米的阿爾卑斯山山口，瑞士人的高超智慧和技術，令人驚訝激賞。沿途都是壯麗的自然風光、峰迴路轉的歷史遺產、拱橋和峽谷。策馬特是一座被認為世界最純潔的山域，它得天獨厚坐擁名峰，有條小河穿過山城中央，沿著河岸，都是觀賞馬特洪峰最佳的方位。天氣晴朗的黃昏，可以觀賞到峰嶺隨陽光巧妙變化，從淡黃到金黃色，簡直是美呆了。

　　登馬特洪峰是搭齒輪登山火車上去的，停靠車站都是滑雪場的起點。山上終年積雪、瑞士人又好滑雪運動，所以沿途依技術難易度，規劃不同滑雪路線，登山火車除了觀光客外，大部分皆是帶著滑雪裝備上山滑雪的人。葛拉特觀景台在海拔3089公尺處，放眼望去，馬特洪峰巍巍矗立在眼前，但看它尖錐形的立拳孤傲地指向天際。左手邊是葛納冰河，右側可以看到瑞士最高的羅莎山。

　　白朗峰（Mont. Blanc）是歐洲最高峰，海拔4807公尺，在法瑞交界處。我們是從法國境內的霞慕尼（Chamonix）登山的。怪不得，從馬特洪峰下山往白朗峰方向走，一路似乎是法式的風情，梯田、奇岩如詩

如畫。傍晚時份，白朗峰顯現忽而粉紅，忽而霞紅，山容變化莫測，有另一種詭異的美。

最後，南針峰（Aiguille du Midi）則是搭乘大型纜車上山，不禁讓人大開眼界。從海拔 1000 公尺，纜車拔地憑空而起，只花二十分鐘就到達 3777 公尺的山頭，中間沒有停靠，真是科學的神技啊！在 3842 公尺處的觀景台，旅客可以徜徉在白朗峰雍容華貴的山容，湛藍色的天際襯托出白雪的純潔。從白朗峰發源有六條冰河，其中尤為波松冰河最醒目，只要看到它，就可以找到白朗峰。

如果說，馬特洪峰展現是王者的風範，白朗峰是雍容華貴的皇后，那麼少女峰就是有如公主般半掩嬌羞的姣美。登少女峰要搭兩段火車，前段在迂迴群山間穿梭，一下是草原，一下是森林，景觀時有變化。後半段由達克萊雪德（Kleine Scheidegg）換較小型火車穿越七公里長的隧道，到達標高 3454 公尺的終站，它是歐洲最高的火車站，裡頭設有郵局和名錶店。再另搭電梯登上海拔 3571 公尺的斯芬克斯觀景台（Sphinx Observatory），遊客就可左擁門希峰（Monch），右抱少女峰，往下看是全歐洲最長的雷奇冰河（Aletsch Glacier）。在火車站另一端，有條美侖美奐的冰洞，洞內展示許多美麗的冰雕。肚子餓了，就在海拔 3500 公尺的觀景餐廳享受熱食湯麵和冰淇淋。

感謝上蒼，我們終於圓了登瑞士三大名峰的願望，看冰雪和名峰相映輝，聽秋風與煙嵐對語，讓人終生難忘。這趟旅行讓我感受最深的，初看好像上了一門有關瑞士科學技術方面的課程，實際上，則是有關人文和社會科學的課。瑞士人把自然生態與創新的科學結合，不但重整了他們美麗的山河，也再造了他們集體的人格。

石墉古堡的囚徒
因著名詩文而成第一景點
（瑞士／日內瓦湖北岸）

　　瑞士不大，又有一條安全、舒適宜人的旅遊路線，在瑞士旅行像在逛花園，不但令人賞心悅目，感覺輕鬆愉快，而且彷彿有看不完的美麗湖光山色。從日內瓦沿著雷蒙湖（又稱日內瓦湖），經蒙投（Montreux）到首都伯恩（Bern），旅人總會被眼前山圍雪映、波譎雲詭的湖泊所迷醉。

　　蒙投是雷蒙湖北岸附近一座迷人小鎮，它不但有著法國的優雅與英國的貴氣，還不時散發出濃濃的藝術和人文氣息，是一處休閒度假的聖地。住在蒙投旅邸，每扇窗都是面對雷蒙湖和湖邊的一座古堡，它叫石墉古堡（Chateau de Chillon），離飯店不遠，可以走路到達。

　　據「石墉古堡修復協會」負責人介紹，古堡因英國浪漫詩人拜倫一首以古堡作背景的長詩〈石墉的囚徒〉，使古堡名揚歐洲，開始湧入大批慕名而來的旅客，而這個古堡也成了瑞士炙手可熱的觀光勝地。在歐洲遊覽，古堡看多了，我本來對這座古堡本抱著不妨走走，看看了事的想法，然而一聽到同拜倫

的詩有關,興趣大增起來。

　　年輕時,大學唸的是英國文學系,因為程度差,除了應付考試,對英國文學一知半解,談不上有特別的心得。不過對詩人拜倫〈哀希臘〉裡頭那句「那英雄的心也不再激蕩!╱難道你一向莊嚴的豎琴,╱竟至淪落到我的手中彈弄?」印象很深。

　　拜倫〈石墉的囚徒〉是寫日內瓦的民族英雄波尼伐(Bonivard)和他兩個弟弟被關押在古堡地下室的故事。三人分別押鎖在不同柱子上,彼此無法動彈,卻要用表情和聲音相安慰。波尼伐的兩個弟弟不堪牢獄的折磨先後死在他的眼前,埋在腳下。在某一天,波尼伐被釋放了,但他早已習慣監獄,覺得離開監獄就像離開自己的故鄉和隱居之地,這首充滿悲情長詩,令人動容。熱愛拜倫詩作的旅行者就是喜歡來領略拜倫所營造出來的悲劇現場,或許基於移情作用,石墉古堡因而更顯出它的珍貴。

　　石墉古堡建於十一世紀,它的地基深築東雷蒙湖湖底,外觀彷彿浮在湖面上。原先是修道院,十三世紀才改建成目前的格局,是當時封建領主的堡壘式宅第。域堡規模很大,包括二十多個建築,其中有大廳、院落、臥室、禮拜堂。底部就是曾為監獄的地下室,〈石墉的囚徒〉被關押的現場。大文豪雨果曾為它留下一句名言:「石墉古堡是渾然一體的塔堡,建在渾然一體的岩石上。」而且拜倫還在地下囚牢石柱上,留有簽名。抱著思慕心情穿梭在古堡各樓層和角落間,內心很容易感染上一股幽幽的情懷,因為天才詩人詩作的加持,使古堡吸引太多愛憐目光,古堡因之更讓人有某種悲戚的聯想。

葡式蛋塔發源地

反主流飲食的逆向張揚

（葡萄牙 / 里斯本）

　　凡是一個偉大的城市，都有一個屬於它自已的港都的故事。在十六、七世紀海上霸權橫行的年代，葡萄牙人、西班牙人已早於英國人在世界各地攻城掠地，1628 年西班牙人就曾經在台灣北部淡水建聖多明哥城。里斯本作為葡萄牙的首都，從貝倫塔（Torre de Belem）、發現者紀念碑（Monument to the Discoveries）和聖熱羅尼摩修道院（Mosteiro dos Jeronimos），那些深藏著期期艾艾歲月、以及隱隱約約透露老人遲暮的宏偉建築中，仍然可以重溫到葡萄牙人大海時代的風華。如今，葡萄牙已是沒落的海上霸權、世界主流經濟體的邊陲、下一個歐元區的危機，即使里斯本那些紅色屋頂的房屋配對蔚藍的海洋，加上貝倫塔發現者紀念碑廣場上，藍色水波型磁磚的設計，還一樣彰顯地中海城市華麗的容顏，然而，給人的印象，這座偉大的城市只剩下近乎頹廢的浪漫，和近似家道中落大戶人家宅院的寂寥和低調。

世界上，有不少地方因有豐富多彩歷史背景而名留千古，有不少城市因出現過偉大藝術家和文學家讓人懷念，更有不少的地區因人文和生態的加持加添它的厚重。反過來說，也有因為某種特殊事物即讓人與某城市產生緊密聯想。不過，更令人驚奇的，既然可以以一種小吃或食物與某個著名的城市劃上等號，像蛋塔對照里斯本、魚湯對照法國的馬賽。

　　我一向不喜歡向朋友推薦任何吃喝的東西，因為每個人都有各自的品味和偏好，加上吃東西當時的心情和用餐時的情境，在在會影響到對食物的口感和評價。不過到法國普羅旺斯，一定想喝馬賽魚湯，一到里斯本，就一定會想吃百年貝倫蛋塔。它們已不是旅遊業的行銷噱頭，不管你喜歡不喜歡，它們已變成觀光客領悟當地文化、生活、人文的一種儀式。台灣不是有一陣子，也著魔般滾起一場蛋塔熱潮嗎？沒有了那些有力文化和人文作背景，那些蛋塔店不就像一陣風，隨即風消雲散。

　　到里斯本旅遊的人一定會去貝倫蛋塔（Pasteis de Belem）店，它已有近二百年的歷史，直今仍領風騷。想享用一塊原創老店的蛋塔，排上一、二個小時是常有的事。據

它的型錄介紹，十九世紀初，在貝倫聖熱羅尼摩修道院附近，有一家緊臨蔗糖精煉廠的店舖。1820 年葡萄牙爆發革命，社會動盪不安，所有行業包括修道院都停止活動，人員四處逃逸。1837 年，為著生存，修道院的修女發明製造，並在目前現址，推出試賣一種麵糰甜點，竟一舉成名。當時修女把燙衣服不用的蛋黃拌混在麵糰裡頭，根據古代傳下來的祕方和古法，加以適當火候烘焙，就製作出這種層層酥脆的薄皮、柔軟滑嫩的餡兒和香醇濃郁的奶味、一直保持原來風味的葡式蛋塔來。所謂美食只要有特色，即使沒有昂貴材料作內涵，也不用富麗擺盤作裝飾，一樣能揚名立萬。

小吃與當地民眾生活息息相關，就地取材是各地小吃的特色，而迷人的甜點製作，唯一的訣竅就是嚴謹選擇材料，跟什麼秘方不盡然有絕對的關係。貝倫街上蛋塔店舖林立，唯獨這家（Casa Pasteis de Belem）門庭若市，只因為它是風靡全世界葡式蛋塔發源地，人們樂於苦等就是想品嘗、它們那經過近二百年眾多味蕾重複檢驗過，吃了會感動，沒有吃的時候會懷念的的滋味。

馬賽老港的魚湯

把生活變成了一種哲學

（法國 / 馬賽）

　　前兩趟去法國旅行，總是在花都巴黎和巴黎附近的名勝轉悠。那一年，孫女考上了北一女中，為著獎賞她的勤學、和測試她自學的法語能力，阿公和阿嬤特別為她和另一即將上國中的孫女，安排這一趟的南法浪漫之旅。一路從賭國摩納哥、尼斯、亞爾古城、亞維儂到巴黎，想讓兩位孫女大開眼界，見識和印證她們從書上所學習到法國風情。

　　沿著向地中海蔚藍海岸延伸的普羅旺斯，土地豐饒，陽光溫煦、綿延不斷的沙灘，豐富的自然景色像一幅天然畫布，從古至今，不知吸引多少旅人和藝術家駐足。梵谷、高更、塞尚、畢卡索、夏卡爾等大師的筆下鮮活了每一幕美景。古典風韻的古城、典雅迷人的小鎮、慢活慢食生活基調、特有的藝術氣息和南法風情，讓這裡的生活變成了一種哲學。

　　來到坎城，在地圖上發現馬賽就快到了。沒想到我第一件想到的，不是馬賽古城的種種，而是一碗老港的魚湯。有人說馬賽魚湯是法國美食至尊料理之一，但也有人且認為它只是浪得虛名。馬賽魚湯是以一個溫馨感人的故事作開頭的。古時候，馬賽的漁民出海捕魚，當地的家庭主婦習慣把前兩天賣不掉的魚貨，混雜在一起，煮成一鍋湯，等丈夫回來喝，嚴格說那些賣不掉魚已經不怎新鮮，為了去腥防腐，所以鹽巴放多了，按說它根本沒走出原始人類飲食的層面。

　　然而長久以來，有不少文人騷客撰文賦詩為它吹捧，以最近

風行全世界的《哈利波特》為例，霍格華茲魔法學院就是以馬賽魚湯宴賓客。單純的魚湯一旦滲入了人文色彩，經過了文化的沉澱，加上普羅旺斯自身的地域魅力、法國美食精研創新等元素，它已不單純是一碗湯而已，它變成一種珍罕的佳餚。

魚湯名字（bouillabaisse）來自法文動詞烹煮（bouillir）和減少（abba issuer），除了種類混雜的魚隻（通常不含貝類、蝦或龍蝦）外，還必須加上橄欖油、洋蔥、蕃茄、大蒜、西洋芹、茴香、百里香、蔥、桂葉、蕃紅花和橙皮。所用的魚隻是地中海魚產，如牙鱈、海鰻、緋魚，還有其它魚隻，然後快速將牠們一起烹煮。目前的馬賽魚湯為應市場需求，和遷就一般國外旅客，做法和內容幾經改變，比較接近葡萄牙葡式的海鮮湯（Caldeirada）。有些更跨張，把龍蝦、螃蟹和淡菜都擺上了盤，這種屬巴黎改良版的菜色，已經不是道地的馬賽魚湯了，因為它們已經嗅不到源自地中海，海上吹拂過來濃濃鹹腥海風的味道。

問已通過法文第四級檢定的孫女，喝了馬賽魚湯的感想，她用法語回答說：「C'est du poisson avec du soleil!」阿公和阿嬤笑說，聽嘸啦！一生當中，有機會親自到法國馬賽喝碗當地的魚湯，好不好喝，自己去領會，不過它絕對是一種難能可貴的際遇。

流浪者大街

為下趟旅行準備薪火的長廊

（西班牙 / 巴賽隆納）

　　流浪者是一輩子都在浪跡天涯的旅人。年輕時候，常幻想也能當一個流浪者，但是我發現，流浪必須天天要面對未知，隨時面臨意外，而且經年累月都得忍受陌生時空的折磨和煎熬，我自嘆我不是這種料。不過活到這麼一大把年紀，我還是非常欽佩和嚮往那些能夠隨遇而安、並把自己的生命寄托給大地長天的「旅人」。

　　德國小說家赫曼・赫塞所寫三部式的《流浪者之歌》（Siddhartha），描寫故事主角在古老印度追求他自己的三個重要歷程。從自覺的禁慾主義，透過自我放逐和視覺感官享受，到追求生命最終的知識和和平，他的流浪者本義接近求道者追尋宗教所標榜的境界。而台灣現代舞團「雲門舞集」，所推出的舞碼，則把「流浪者」的內涵推向宗教以外、更玄妙的哲理和藝術層次。

　　對流浪抱有遐想的旅人，到西班牙的巴塞隆納，一定喜歡浸泡在它那條「流浪者大街」裡頭。那條大街在巴塞隆納最主要位置上，它的正式名字叫蘭布拉斯大街。整條大街集結來自世界各地的流浪者，他們為著籌募走向另一站的盤纏，暫且在這裡駐足，並賣藝賣物。他們不是真正的生意人，是昨天和明天的旅人。

　　大街勉強可以分成三段，靠近市區這頭，有許多流浪畫家在這區塊活動，大部份都是漫畫和畫人像的畫家，應付來去匆匆的旅客，素描和速畫是比較省時間又逗趣的賺錢方式。中間一段是表演藝術家活動的天地，有的表演「真人雕塑」，有的表演「滑

稽逗趣的小品」，目的就是希望獲得一些小費，好準備下一趟的遠行。流浪者大街末端直通到地中海海邊，那兒有一個泰隆尼廣場（Placa de Catalunya），廣場中間有一座高塔，高塔的頂部是航海家哥倫布的立像，底部是資助哥倫布遠行的費迪南國王和伊麗貝爾女王端坐的雕像。流浪者大街剛好與哥倫布站立的高塔連成一條，抬頭仰望哥倫布雕像，只見他昂首目視穿越地中海的遠方，似乎不在乎他的腳下，只在乎遠方。

哥倫布是一位偉大的流浪者，由於他有流浪者特有的性向，他選擇長期在海上流浪，而且發現了新大陸，也大開了西班牙海權世界。在他流浪的腳下地球變小了，巴塞隆納流浪者大街的整體規劃，就象徵一種流浪者的宣言，哥倫布是流浪者的統帥，整條大街的人們變成了他的跟隨，既便你只是一個普通國外來的遊客，也會感同身受那份流浪者的情懷，這就是這條大街特別吸引人的地方。

在流浪者大街閒逛，我想起了林懷民摘引自婆羅門書的一段話，它說：「不旅行的人絕無快樂……羅希塔！如是我聞，活在人的社會當中，再良善的人也會沉淪，那麼……流浪去吧！」又說：「流浪者的雙足宛如鮮花，他的靈魂成長，終得正果；浪跡天涯的疲憊洗去他的罪惡，那麼……流浪去吧！他的福份跟他一起作息，跟他一起站立、睡眠，如影隨形地和他一起移動，那麼……流浪去吧！」為著體悟這段佛經的真諦，使得我更憧憬那些流浪者的生涯。

跟著高第去流浪

體悟建築大師的流浪思維

（西班牙 / 巴賽隆納）

　　二十世紀，西班牙誕生了幾位世界級的藝術大師，畢卡索與達利可以說是畫壇上的翹楚，高第則在建築方面獨領風騷。高第才華橫溢，創意無窮。1878 年從泰隆尼亞建築學校畢業以後，他幾乎把巴塞隆納當成他成長與發揮創意的實驗中心，他所有大膽的建築實驗都不負眾望，也一一成為巴塞隆納足以傲世的地標。我們可以說，二十世紀以後的巴塞隆納是高第所打造的城市。

　　高第崇尚自然，反對工業化後粗糙的機械製品，他對於中世紀時精緻的手工藝術情有獨鍾，常見他把陶瓷、玻璃、碎石等彩色材料鑲嵌於建築上面。他是一位充滿夢幻童話色彩的建築詩人，他所設計建造的奎爾公園（Parque Guell）、米拉之家（Casa Mile）、巴特羅屋（Casa Battlo）這些作品中，充斥著雕塑性、原始感、流動感和動態空間感。高第設計的建築物有 7 件於 1984 年被列為世界遺產，比較特別是蓋了一個半世紀還沒完工的聖家堂（Sagrada Familia）也被列入其中。聖家堂原本是受私人所託，希望蓋成一座禮拜耶穌一家（耶穌、聖約瑟、聖母瑪麗亞）的教堂。1882 年開始委託建築師維拉興建，但後來意見不合，改由年僅 30 歲的高第接手，而後 44 年，高第一直奉獻全部心力在上面。原設計是由 18 根高塔和三座立面組成。外圍的每座立面各有四座高塔，高 94 公尺，代表耶穌 12 門徒；內圍則有 4 根高 107 公尺的塔，代表四位傳福音者，中央有兩根更高的塔代表聖母瑪麗亞及耶穌。高第於 1926 年 6 月 7 日意外車禍去世，只完成了一個外立面。

高第對大自然中存在的原理相當著迷，由生物的構造推演器官組織或動作原理，發展出仿生建築概念，包括樹幹、人骨概念的各式柱子，房子上的動植物、人物。高第從觀察中發現自然界並不存在純粹的直線，他曾說：「直線屬於人類，曲線屬於上帝。」所以終其一生，他的作品當中幾乎沒有直線，大多採用充滿生命力的曲線，與有機型態的物件來構成一棟建築。其實，高第的構想也一直在變──時時刻刻又有新的發現，每天都有創造的衝動。他任性隨意，且又非常專注，他似乎只管向前走，不在意完工日期。結果，他從一位建築師變成了流浪者。

　　高第車禍去世以後，他的學生們從他一路走下來的終點，又開始重新流浪。目前已經來到第四代的建築師，聖家堂在高第主要構想之下，已發展成為各個時代的藝術和建築風格。開工至今，沒有任何施工團隊把它視為是自己的作品。施工中的聖家堂一直沒有建築執照，而且還收門票供人參觀。當建築愈蓋愈高，面對風力、地震以及其它震動的侵擾，要求也越趨謹慎。營建技術在經歷一百六、七十年之後，一併提升。不過，無論如何，都讓外觀看起來符合高第當初的石砌構想。

　　很難把高第的建築歸類成那一種門派、那一種主義。他躲避任何定型，他不走常規，一派流浪者的思維，而後繼的工作團隊，儘管方法和策略不同於高第，但思維的脈絡還是有跡可尋。大陸作家余秋雨說：「後續的工程至今密密布著腳手架，延續著高第飽滿的創作醉態又背離了他，以挺展的線條、乾淨的變形構成一種新的偉大，以反駁的方式完成了對高第的供奉和守護，同時又裹捲著高第走上了他們的流浪之路。」我認為這段話是對還在建造中的聖家堂、作為人類共有的藝術品最佳的恭維和闡釋。因為我認為以人文的角度、而不是工程的難度去讚美聖家堂，才會更凸顯它的偉大。

波卡探戈

一種可以讓人「看到音樂」的舞蹈

（阿根廷 / 布宜諾斯艾利斯）

　　前一陣在台北參加一位好友小孩的婚禮，新婚的小倆口都是台大畢業的優秀生，他們是在學校的國標舞蹈社認識、相愛，然後決定攜手走向紅毯的另一端。婚禮上，他們別開生面，在賓客前跳了一曲迷人的探戈。由於他們浪漫的舉動，竟讓我再次想起那年去阿根廷波卡（La Boca）那個沒落的小河港來。

　　波卡是歐洲水手們在阿根廷最先上岸的地方，為著排除長期海上的寂寞，登岸買醉跳舞，勾搭女人是常有的事。久而久之，一種身體觸碰、傳遞情緒的雙人舞蹈便在波卡河流行起來。這種舞被稱之為探戈（Tango），波卡就是探戈的發源地。探戈最初是由非洲的牧童所發明，起初稱為「African-American drum dance」，後來受到西班牙佛朗哥和義大利舞蹈的影響，於十九世紀從波卡開始流行，然後在南美洲盛行，並傳播到全世界，而且演變成正式比賽的節目。

　　阿根廷有超過百分之九十的人口是歐洲人的後裔，是一個非常歐化的國家。1861 年，在結束漫長內戰之後，大規模的移民潮架起了阿根廷與歐洲之間的橋樑，無以倫比的發展使它在 20 世紀早期就躋身世界第七富國。往昔，歐洲移民飄洋過海來到阿根廷，就是在波卡河港上岸的。因新來移民剛上岸，人生地不熟情況，常常先在碼頭附近安頓下來，通常都是許多戶人家住在一起，好彼此照應。所以一間一間的鐵皮屋陸續蓋了起來，他們用船上零散的油漆來漆牆壁，往往一種顏色用完，就無以為繼，只

好改用其它顏色，整條街坊都是多彩的鐵皮屋，最後遂成為本地區的特殊景觀。

　　目前波卡港已不具航運的功能，衝著它是探戈舞的發源地，反而成為國內外觀光的勝地。波卡舊港區那些七彩屋不是咖啡屋、餐館、就是藝品店，隨時可以聽到探戈音樂，許多街頭藝人在行人徒步區跳探戈舞，供照相賺取小費。看那些藝人跳起探戈舞來，男士挺拔俊俏、倜儻灑脫、爽快利落；女士的肢體語言非常豐富，透過男女複雜腳步的勾搭，我們可以看見年輕人充滿愛慾的激情和纏綿，可以欣賞到情場牛郎勾纏挑逗的花步，也可以見識到老人家深情款款欲說還休的擁舞。探戈原來是這麼迷人，跟著這些舞者合照是種很不錯的旅遊紀念。探戈基本上是一起和舞伴走在音樂裡，一個好的探戈舞蹈者可以「讓人看到音樂」的。

　　據說目前流行的探戈已從過去尋求情緒的慰藉，進一步成為都市人的社交和藝文生活。40 至 50 年代是史稱阿根廷的探戈黃金時期，當時的布宜諾斯艾利斯城就是一場盛宴、十年不間斷的盛宴，不過往昔盛況已經不再了。二次大戰後，已經少有大規模的歐洲移民來阿根廷，即使有移民來，移民方式和途徑也已不能同日而語了。波卡昔日的大雜院已成貧民和非法移民雜居的地方，不但是治安的死角也是犯罪溫床。現代流行的國標舞聽說改變很多，或許，在波卡這個探戈發源地，多多少少還可以找到那些原始探戈如歌如泣、儷影相隨的餘韻？！

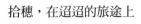

瑞蔻雷塔墓園

聆聽一首 Evita 的傳奇人生

（阿根廷 / 布宜諾斯艾利斯）

　　還沒去中、南美洲旅遊之前，我閱讀過《百年孤寂》與《孤寂的盡頭》這兩本書。諾貝爾文學獎得主賈西亞・馬奎斯在《百年孤寂》裡，藉著哥倫比亞一個名叫布恩迪亞家族的興衰史，來影射拉丁美洲歷經內戰、西班牙殖民、美國財團帶來的繁榮和豪雨所帶來的災荒，從與世隔絕、接受外界衝擊到最後的衰滅的歷史。這本書讓我對拉丁民族一路走來，被邊緣忽視、孤寂無奈的悲情和命運有了初步了解。

　　這一趟南美行，我們由台北經香港，轉南非約翰尼斯堡，花了二、三十個小時，才飛抵阿根廷的布宜諾斯艾利斯。在漫漫長路的飛機上，除了休息睡覺，我在我的平板電腦上看馬丹娜所主演的《阿根廷，別為我哭泣》影片。影片是由安德魯韋伯的音樂劇《Evita》改編，內容是在描寫阿根廷總統貝隆夫人伊娃的一生。故事凄美浪漫，充滿傳奇和魅力。由有爭議性的巨星來演這位有爭議性人物，因兩個人的生長歷練有幾份的神似，瑪丹娜把伊娃這個角色詮釋得可以說絲絲入扣，令人感動低迴。

　　伊娃在 1919 年出生於阿根廷的農村，是一位農村地主的私生女，七歲時父親過世，她連自己父親的葬禮都被阻擋在外，無法參加，童年的生活艱苦、困厄讓她變得堅強。從小她就夢想能成為一位偉大的人物，所以十五歲就跟著一位街頭藝人離開家鄉，並開始在首都獨立生活。或許是生命要找到出口，她有野心，也懂得工於心計，利用自己的美貌，在演藝圈漸嶄露頭角，她的

名氣愈大，有關她的流言也愈多。

有一日，在一個交際的場合上，她遇見了政治人物胡安 · 貝隆，兩人一拍即合並結婚。當時政局動盪，整個社會深陷權力鬥爭當中，伊娃靠著她的能言善道，幫夫婿贏得總統寶座，26 歲就成為阿根廷的第一夫人。由於伊娃出身背景的關係，成為總統夫人以後，特別關心全國低層老百姓的生活，她把自己的角色調整成了窮人和工人的守護神，女權鼓吹者，並成立基金會，長期投入賑災濟貧的工作，她的聲望使她贏得全國民眾對她的推崇。可惜天忌英才，三十三歲時，因癌症去世。

在她短短 33 年生命裡，由一名鄉下地主私生女、情婦、 平面模特兒、舞台劇演員、知名紅星，到成為第一夫人，真是一幅極為精彩的生命風景。劇情在貝隆就職的典禮上，貝隆夫人唱起〈Don't cry for me, Argentina〉的歌聲中掀起高潮。伊娃當著廣大群眾前作出真情告白，誠懇地承認過去的不堪，把希望人民支持他們、並且不離棄他們的心情，表達淋漓盡致，非常感人。雖然貝隆夫人短短一生備受爭議，連死後安息都受折騰，她的遺體一度在世界各地被到處輾轉。直到十六年後，才重見天日，最後舉行國葬，把她安葬在瑞蔻雷塔私人墓園內。

瑞蔻雷塔墓園在布伊諾斯艾利斯市中心，原是好幾世代當地富豪死後安身地，各私家墓園費盡心思營造特殊造型以彰顯他們對先人的崇敬。依娃 · 貝隆的墓只佔一個小角落，墓前長年都有崇拜者擺放鮮花，向這位曾為這個國家付出心力的傳奇女性表示追思。我們旅遊阿根廷的首站，安排在這裡，對一位《阿根廷，別為我哭泣》的影迷而言，深具意義。

人類的生命光景猶如各種花朵，長短不一、「有時有陣」；

有的如曇花一現，有的像「囝仔花不知醜，大紅花醜不知」。至於她在政治上的功過，誰會真的了解？對於政治人物的褒貶，立場左右判斷，只要能帶給百姓福祉，並吸引眾多願意追隨的目光，就是好的政治人物。就像那位德國記者經過長期觀察和研究，在他所著《孤寂的盡頭》裡面所指出的，911恐攻事件發生後，導致西方霸權無暇顧及拉丁美洲事務，反而給拉丁美洲人民自力更生機會，藉著長期內心的孤寂，他們練就了一種獨創性的力量，如今正悄悄崛起，走出自己的路和未來，也為世界提供了一股正向力量。阿根廷已是中等的強國，和拉丁美洲地域中的大國。當為一位旅人，佇立在這位奇女子的墓前，猶如再聆聽一遍〈阿根廷，別為我哭泣〉那首扣人心弦的歌曲，也彷彿已牢牢記住了伊娃的真情流露的最後心聲：

Have I said too much?

There is nothing more I can think of say to you,

But all you have to do is look at me to know that every word is true.

天空之城「馬丘比丘」

古老山巔的印加傳奇

（秘魯／庫斯科）

　　人類文明發展到一定的程度，現代科技一遇上了瓶頸，神秘古文明似乎又被燃起早已失落的榮光。在臨近千禧年的那段日子裡頭，有關世界末日的臆想上，南美洲的印加文明和馬雅文明常被繪聲繪色、渲染擴大到無以復加的地步。從史前巨幅圖案的那斯卡線（Nazaca Lines）解讀，到從印加遺址「拴日石」作出的推測，它們變成二千年世紀末日的熱門話題，馬丘比丘也成為世界旅遊的焦點。當然，過了千禧年，太陽還是照常從東方昇上來。

馬丘比丘在印加語中代表是「古老的山巔」，它失落在山林中長達四百年。這座印加帝國的「失落之城」，距離當時的都城庫斯科 120 公里，坐落在安第斯山脈最難通行的老年峰與青年峰之間陡峭而狹窄的山脊上。古時候，連接馬丘比丘與庫斯科的，僅有群山間一條狹隘古道，現在則建闢一條高山鐵道。自開放遊覽以後，一年吸引近百萬的觀光客，從歐蘭諾特波（Ollantaytambo）開往馬丘比丘的豪華列車，幾乎班班客滿。

火車沿著烏魯班巴河邊的山路爬行，從海拔 2800 到 3000 公尺的路上，雖然免不了高原反應帶來的不適。但仍有足夠的體力觀賞壯麗的河谷景色。下了火車轉搭接駁車到國家公園入口處，整個景觀讓人感到無比震撼。馬丘比丘三面臨河，瀕臨岸邊幾近垂直的陡坡，下面是蜿蜒的烏魯班巴河，另一面是連山的熱帶的懸崖峭壁。

馬丘比丘建於 15 世紀，佔地 13 平方公里，包括太陽神廟、軍事堡壘、祭壇、貴族庭院、平民住房、市場、作坊、廣場、浴池還有供水排水系統等近 200 座建築，和連接山坡與城市的約 3000 級台階，與周圍的自然環境渾然一體。山脊斜坡和後山壁有百餘層梯田，用於種植糧食、蔬菜。由於西班牙統治祕魯三百多年，卻對這座深藏在崇山峻嶺的古城一無所知，所以能逃過文明的破壞，1911 年被美國史學者 Hiram Bibgham 發現時，還保留著印加時代原有的風貌。

馬丘比丘是一座石頭城，人們對它的嚮往，不僅因其隱密而逝去的光華，更因這座古城記載著古時印加人無與倫比的智慧。單從建築風格去觀察：形狀規則的磨光牆壁，以及美妙接縫技術，石塊縫隙間的密合程度連一把小刀都沒辦法插入。庫斯科的古城

牆與臨近的古要塞亦然。看看那些數以千計、重達幾拾噸大石所堆砌出來的台階、圍牆、房舍、神殿，無論是搬運、吊裝、雕鑿、齒形接縫都是令人嘆為觀止的技術和智慧。

古印加文明充滿傲世的光環，雖然沒有文字，卻懂得利用幾何原理和高超建築技術，留下這些像有魔力般吸引人的千古謎題。我的老伴原有腳酸的毛病，本想偷懶找個居高點休息，竟也被這些不可思議的景觀迷醉，花了近三小時的時間，跟著人群亦步亦趨走完全程，而且邊走邊為這座已成廢墟的古城驚嘆不已。

走遍世界各地的古文明古蹟或廢墟，一直感到不解和納悶，為什麼這麼多的古文明都在歷史的洪流中，自我沉淪並走向衰滅呢？像建造吳哥窟的蘇耶跋摩王朝，像建造艾菲索的羅馬帝國，不都那麼不可思議嗎？遂想起拜倫一首哀嘆文明敗落的詩：

祖國啊！此刻你在哪裡？
你美妙的詩情，怎麼全然無聲？
你高貴的琴弦，怎麼會落到
我這位平庸流浪者的手中？

舊都安提瓜

一座會偷走遊客心的山城

（瓜地馬拉／安提瓜）

　　印加文明、馬雅文明與阿茲特克文明並列為美洲三大古文明。一旦見識過印加文明的風華，就會想進一步去體悟另外二種美洲古文明的滄桑，所以我們有了這趟中美洲之行。首站我們來到瓜地馬拉，並選在它的舊都安提瓜（Antigua）落腳，調整時差，並轉換心情。

　　安提瓜位於瓜地馬拉南部高原上，鄰近首都瓜地馬拉市。在它的附近有兩座火山，其中南面的 Volcan Agua 火山，是座活火山，仍然在冒著煙，晚間還可以看到熔岩流出時的火花。安提瓜的街道成十字形，不超過三層高的低矮平房，外牆添有各種鮮艷的顏色，彩繪得好像是童話世界裡邊的小鎮一樣。碰到當地天主教節慶巡行的時候，可以看到從它的中央公園開始的主要街道，用七彩繽紛的小花瓣，在地上鋪成不同圖案，成就了一條臨時的「鮮花大道」，為這座古城增添不少浪漫歡樂的氣氛。

　　許多旅遊界的前輩都認為安提瓜是中美洲最美麗的殖民風格古城。它原是 16 世紀西班牙統治時代的首府，因為一場大地震幾乎毀滅了這個城市，西班牙殖民政府被迫遷都到現今的巴拿馬市。重建後的安提瓜雖無法完全恢復舊時觀，然而災後倖存下來的，仍然留有西班牙式的古典餘韻，它依舊那麼脫俗，依舊離現代喧囂的城市生活那麼悠遠。

　　走在小鎮的石板路上，周遭那些殖民風格的建築，還可以嗅覺到瀰漫整個山城的濃濃藝文氣息。從殘留的昔日王公富豪宅邸，透過那些精美的雕飾，依稀可以看見當時的風光和氣派。街上偶爾有身著傳統服裝的當地人擦身走過，讓人懷疑置身在數百

年前時光的隧道裡。悠閒地在安提瓜這座已被聯合國列入人類遺產的古城閒逛，整顆心像被抽離般，浸潤在古典的清遠裡，彷彿隔絕了現代人俗務的任何牽掛。

　　安提瓜沒有什麼特別的名勝古蹟，只有一座被地震震毀現兼作博物館的舊教堂（El Museo de Hermano Pedro）。位於中央廣場的主教堂，粉黃色的外觀綴滿細緻的果葉雕花，別具風味；城內最著名地標鐘樓（常被當作海報圖案），它的拱門造型古典而優雅，搭襯後頭的火山，是幅不錯的自然畫作。市街兩側建築景觀，仍保留著 16 世紀的風韻，即便一片不起眼的門面如麥當勞、餐館或飯店，不妨進去探個究竟，大都是別有洞天。

　　目前，瓜地馬拉旅最受歡迎的兩處景點，就是安提瓜和提卡爾，而提卡爾是馬雅文明的搖籃。一般旅客也約略知道馬雅文明，譬如說在天文曆法和建築所展現的偉大成就，很大程度歸功於宗教活動的繁榮。古馬雅人信奉神祇很多，例如創世神、雨神、玉米神、北極星神、風神、水災神、月神……等等，不勝枚舉，其中最崇高的神叫「羽蛇神」，由奎特查爾鳳凰鳥羽毛和響尾蛇組合而成，是風神又是金星，祂幾乎掌控一切，是祂帶給百姓文明和教化。

　　由於旅程的下一站便是提卡爾，所以當天午餐，特別安排在一家由古時貴族宅邸改建的飯店內，一邊用餐一邊觀賞化妝成各種神祇的表演。馬雅人的祭祀活動頻繁而殘忍，聽說當時還用活人的心來獻祭太陽神。看完精彩的表演，彷彿上完了一課，我們對於馬雅文明也有了進一步的認識，心裡即刻興起對明日探訪提卡爾殷殷的期待。安提瓜身坐現代，背靠古樸，生活機能又那麼齊全，是一座非席寧靜的山城，它幾乎是很多現代人畢生所追尋的理想居息之地，怪不得有人把它稱作會偷走人心的城市，讓我們這對不懂西班牙語的老夫婦，也不得不打心眼裡嚮往。

提卡爾國家公園

世界規模最大的馬雅遺跡

（瓜地馬拉 / 提卡爾）

　　馬雅文明是一種處於新石器時代，在天文學、數學、農業、藝術、建築、文字等方面都有非常高成就的叢林文明。它分佈在現代墨西哥的東南部、瓜地馬拉、宏都拉斯、薩爾瓦多與貝里斯等五個中美洲國家境內，其中以瓜地馬拉的提卡爾遺跡規模最大，墨西哥的奇琴伊薩（Chichen Itza）最為壯觀。

　　馬雅文明的發展可追溯到公元前 1500 年到公元 300 年，全盛時期約在四世紀到至九世紀，但在西元九百年左右，像許多世界上的古文明一樣，竟神秘地消失了。據說，馬雅人從未消失，現在仍有三百萬的馬雅人居住在墨西哥的猶加半島地區。從那些陸陸續續被挖掘出來的古文物，像獨特的象形文字、神秘宗教祭祀、最重要的是像那些壯觀偉大金字塔精良的建築技術，皆足以讓馬雅千年文明，重新被定位。

　　提卡爾位於瓜地馬拉北部的熱帶叢林中，約在西元 300 至450 年間，已發展成為古典時期馬雅的大城邦，最鼎盛時，人口達十萬人以上，城市範圍超過 30 平方公里。它不僅是馬雅世界最富裕、最大的城邦，也是宗教、商業、人文薈萃的中心，被譽為「馬雅文明的搖籃」。於 1956 年被美國考古學家所發掘，1979 年列入世界遺產。目前已被規劃為森林國家公園，世界規模最大的馬雅遺跡就是隱藏在這片濃鬱的森林內。

　　從停車坪走到公園大門，我們就像一撮的魚群游走在綠色海洋中。走入大門，穿過不少條曲折步道，參天的古木掩遮午後的

陽光，正陶醉在芬多精的森林沐浴中時，眼前突然冒出一座撼動心弦、高聳雲天壯觀的祭祀高臺以及令人匪夷所思的金字塔。當下，腦海即浮現柬埔寨吳哥窟的身影，怎麼這麼多的古文明和偉大的建築都生根發跡，而後又被拋棄淹沒在渺無人煙的叢林中呢？瞧了又瞧，看了又看，它們那些斑駁風化的石頭似乎都向我們這些朝聖的旅人，訴說它們曾經擁有過的精彩文明，和一場綠色滄海桑田的往事。

提卡爾共有七座神廟，一、二號神廟在大廣場（Great Plaza）東西向相對而立，前者又稱大美洲豹神殿，高 45 米，正面階梯坡度超過 70 度，作為當時國王陵墓，歷經時間的摧殘，現已不准攀爬；後者又稱面具神殿，高 38 米，坡度約 60 度，正面階梯經過整修，作為當時王后之陵墓，可攀登俯視四周和對面一號神廟。大廣場南北兩側各有一建築群，近北面建築群有一排的石碑，石碑上有石雕。

三號神廟又稱祭司神殿，高 55 米，還被泥土和樹木覆蓋著，保持還未被掘露的原來模樣，也讓後人明白那麼多馬雅遺跡為什麼沉睡數百年，而沒人發現。四號神廟又稱雙頭蛇神殿，高 70 米，是馬雅世界最高神廟，迄今，只露出頂部，底部仍埋在泥土和樹木之下。登上四號神廟可環顧四周叢林，並可看到幾座較高神廟，像海中孤島般載浮載沉在綠色的林海之上。

而南面的建築群被稱為「迷失世界」，是祭祀天台，當中較突出的是 32 米的金字塔。穿過「七廟廣場」和南面的建築群後，便能來到 59 米高的五號神廟。六號神廟在一號神廟後側偏遠地方，像多數旅客一樣，我們也沒前往。目前提卡爾可供參觀範圍僅佔全部範圍的百分之五多一點。

　　古時馬雅人在沒金屬工具，不會使用輪車，沒有牛馬等大型
畜類條件下，還能創造出高度的城市文明，從這些遺留下來的規
模巨大、功能完善的遺跡，我們不得不感佩馬雅古文明，相較於
埃及金字塔也不遑多讓，在建築和工程上的高超水準。

最後的馬雅之城奇琴伊薩

古文明的衰落根源於地域性和時段性的興奮

（墨西哥 / 奇琴伊薩）

　　墨西哥是個充滿混血特色的國度，在這裡你可以看到現代的摩天大樓，與西班牙風格的教堂並存，加上深具特色的馬雅、印加古文明遺跡，一起構成豐富又特殊的景致。到墨西哥旅遊的滋味就好像在品嘗一份獨特的美食，將墨西哥的過去、現在與未來全部吞嚥。美國人老愛以輕蔑的口氣喊叫鄰邦的墨西哥人為「目屎膏仔」，豈不知道墨西哥古文明已騰出了一、二千年的時候，美國那一大塊土地還處在蠻荒的時代裡。

到奇琴伊薩（Chichen Itza）之前，我們先在度假勝地坎昆潔白的海灘上，享受了整個午後加勒比海海濱的風情，也搭乘造型優雅的馬車在尤加敦州首府──美麗達市區漫遊。特別值得一提是在西卡萊特公園的地下溶井來趟別開生面的游泳，因為這些地區是進入奇琴伊薩的門戶。（註：先前到過中國新疆地區的朋友應該見識過，但在當地是供飲水和灌溉用。）

　　奇琴伊薩在坎昆車程二個小時的熱帶叢林裡，因為猶加半島沒有多少地面河流，附近能終年提供充足水源的地下溶井，便成為當時的天然的人口中心。奇琴伊薩在公元 600 年左右，即馬雅古典時期中期的重要城市，但其發展巔峰期則出現在中南部馬雅城市衰落之後。從西面正門進去，聞名於世的「羽蛇神金字塔」就出現在眼前，它建於公元 800 年，高 25 米，成正方形，邊長 56 米，每邊各有 91 級台階，再加頂端的廟宇平台剛好代表一年 365 日，在春分和秋分的晝夜平分點，日出日落時，建築的拐角在金字塔北面上的階梯，會被羽蛇狀陰影覆蓋，只留下羽蛇神像延伸到塔頂，隨著太陽的起落，整個光影的轉換，讓人覺得羽蛇神從天上下凡到這個金字塔上，非常奇妙和神秘。

　　「武士神廟」是按托爾克特首都圖拉的 B 神殿而建，並由馬雅建築師建造，技術比原型更加宏偉。武士神廟是一個階梯狀金字塔頂的石頭建築（最初是用木頭和灰泥做屋頂），內部的支柱被刻成武士的形狀，金字塔階梯頂端通往神廟入口處，有查克莫天使的祭壇雕像，這個雕像是奇琴伊薩的代表作之一。馬雅人相信查克莫是人神之間的使者，在祭典中，祭師會把剛挖出的活人心臟放在神壇上交由使者獻給神。武士神廟旁的千柱建築群則是當時的大市場。

金字塔北面的草坪上有幾座小型建築，其中「骷髏頭神廟」刻有許多骷髏頭相當詭異。旁邊的球場是現存墨西哥最大的馬雅古球場，古時候不知在這裡進行過多少生命攸關的賽事，球場內部兩側排列雕刻著球員形象的石板，輸球一方的隊長（一說獲勝一方的隊長）被斬首用於祭祀。

　　奇琴伊薩還有兩處令人注目的建築群，一是精美普克的（Puuc）風格建築，另一個是「橢圓形天文台」、又名「蝸牛」，得名於建築內部螺旋狀的石頭階梯。前者是古典時期政府宮殿，後者為掌管風和學習的羽蛇神而設，利用太陽照射門上面在屋內形成的陰影判斷夏至與冬至的到來，並觀察天文現象的位置，以確定複雜且精準的日曆系統。

　　奇琴伊薩是人類對馬雅文明的偉大發現，它保存良好的金字塔，其實托爾特克人將金字塔搭建在馬雅人所建的第二層，換句話說，托爾特克人並沒破壞原來的神廟，反而把它保護得很好，讓後人對馬雅文明高深莫測的天文曆法、工藝雕刻、建築方面得有資料可參考。不過奇琴伊薩衰落仍然像世界各地失落的古文明一樣，是對人類的一種告誡，為什麼人類幾大文明都已衰落，無一倖免，因為一個悠久的文明之邦，一旦深陷於地域性和時段性的興奮和迷醉，一定會走上衰敗的命運，根本就無法復原。

寫在國旗上的傳說

阿茲特克文明的興起與衰落

（墨西哥 / 墨西哥市）

　　每一種古文明都有屬於它們自己的美麗傳說，這些傳說有的來自代代口語相傳的民間故事，有的則來自繪聲繪色、加油添醋的神話，它們的共同點就是無據可考，應該是屬於一種民族的集體記憶，而像墨西哥把它自己的歷史傳說寫在國旗上的例子並不多。

　　墨西哥國旗的旗面從左至右由綠、白、紅三個平行相等的豎立長方形組成，白色部分中間繪有墨西哥國徽。國徽是一隻展翅、嘴叼著一條蛇的雄鷹，它的一隻爪抓著蛇身，另隻爪踩在湖岸岩石長出的仙人掌上。這組圖案寫著墨西哥人的祖先阿茲特克人建國的歷史，儘管有點不切實際，但很浪漫，一如拉丁民族樂天知命的陽光性格。相傳在那久遠的年代，阿茲特克人所敬拜的太陽神為著拯救祂四處流浪的子民，托夢告訴他們，只要見到鷹叼著蛇站在仙人掌上，就可以在那個地方定居下來。原住在墨西哥北部地區的阿茲特克人在太陽神的指示下，在特斯科湖的島上找到這個地方定居下來，並建立了特諾奇提特蘭（Tenochititlon）這樣一座人工島，也就是現在的墨西哥城。

　　阿茲特克人於 15 世紀在墨西哥中部建立了帝國，並發展出一個獨樹一幟的古文明。他們擁有精確的曆法系統、發達的灌溉技術、精湛的建築技術、還有最原始階段的貨幣。我們可以從特諾奇提特蘭那些雄偉建築看出他們的成就。阿茲特克人吸收和融合墨西哥和中美洲地區古文化而自成另一種特殊的文化。當時特

諾奇提特蘭城有三條道路與陸地相通，並有人工的石槽供水系統。城內修建有 40 座金字塔形廟壇，其中最大的金字塔有 144 級台階，還有光輝的白色大廈、樓台和宮殿。街道和運河交錯，景色奇佳，人口達六萬人之多，是當時世界上大城市之一。

阿茲特克的首都正好是今天的墨西哥城，城中心大廣場旁邊是阿茲特克大神殿的遺址。從遺址上保留的基座格局可以想像當時的雄偉，或從國立人類博物館「阿茲特克廳」裡，所收藏展出的羽蛇神、花神、火神等諸多石雕、玉器，巨型而完整，尤其是那塊從中央廣場大神殿挖掘出來，直徑約 4 米的「曆法石盤」上，雕刻著複雜的曆法計算刻度，也可以感覺出令人嘆為觀止的古文明成就。

然而這樣的古文明似乎註定走向毀滅，從神話開始，已預言諸神的使者「白色之子」，有一天會從海上回來，重奪國家統治權。公元 1519 年，果然有一位白皮膚的西班牙大賊 Cortes 聯同一夥人在墨西哥灣登陸，被當時的國王誤認為他是羽蛇神化身，恭迎他到首都。西班牙人利用阿茲特克人「美麗的誤會」，加上當時天花流行病肆虐，以及鄰邦不滿，在以寡敵眾情況下，奪走了墨西哥統治權。進而引來更多更卑鄙殖民者的野心，禍延南美的印加帝國、帶來幾近毀滅性的死亡，也終結了中南美古文明的命運。

余秋雨先生在《千年一嘆》這本書裡頭，談到人類古文明沒有例外的衰落時，這麼認為，他說「一開始就缺少明徹的理性，沉醉於自負的神秘。當它以龐大的雄姿切斷了被外部世界充分理解的可能，其實也就切斷了自己的延續使命。」就阿茲特克文明的興起和衰落而言，我很能接受他這種論調。

眾神之城迪奧狄華肯

看太陽神與羽蛇神的一場盛會

（墨西哥／墨西哥市）

　　當墨西哥遇上了西班牙，就像在墨西哥城的中央廣場阿茲特克主神廟遺址，看到集巴洛克、文藝復興和古典主義於一體的大教堂的感覺一樣。當阿茲特克人的太陽神遇上了馬雅人的羽蛇神，就像在迪奧狄華肯（Teotihuacan）古城，看到太陽和月亮兩座金字塔的感動一樣。在人類發展史的長河裡，佔領者一向慣於摧毀前朝的輝煌和割斷它的歷史，而迪奧狄華肯是個很珍貴而美麗的例外。

　　迪奧狄華肯在墨西哥市東北面約 50 公里處，它的歷史應追溯到公元前 100 年至公元 150 年左右，當時它就已發展成現今的規模。公元 250 年至 600 年間為其發展高峰，人口達十數萬人，是那個時代美洲最大城市和世界第六大城市。公元 600 至 900 年間，不知何故漸被棄置。14 世紀阿茲特克帝國崛起，發現這座龐大卻已荒蕪的建築群，認為它非出自凡人之手，而是神所建造的聖地，遂命名為迪奧狄華肯、即「神所居住的地方」，這裡便成為阿茲

特克人朝聖與祭祀的中心。

　　古城佈局嚴整，呈棋盤格狀，北起月亮金字塔，南至「死亡大道」，全長約 3.2 公里。一條東西走向的建築與這條南北中軸線交叉。根據相關天文學家和人類學家研究證實，這座古城是根據反映天體、地理和測量關係的一組排列進行佈局的。迪奧狄華肯文明使用跟馬雅人類似的數學符號，也同樣使用 260 天為一年的神曆與 360 天為一年的太陽曆，不過迪奧狄華肯文明並沒有像馬雅人一樣刻製紀念碑和使用象形文字。換言之，迪奧狄華肯文明不就是馬雅文明。很明顯可以看出，它的神話像羽蛇神、雨神、水神、火神等等影響以後的阿茲特克人非常深遠。

　　迪奧狄華肯古城有幾個入口，從巴士站這邊進入，立即可以看見一個小廣場，廣場上有一座羽蛇神廟，廟外有羽蛇神和雨神的雕刻。從小廣場沿著「死亡大道」，直接走到太陽金字塔（Piramide de Sol）和月亮金字塔（Piramide de la Luna）兩座主要建築物。太陽金字塔高 65 米，呈正方形，底邊長 225 米，是古城最高最大建築物，規模可與埃及金字塔匹敵，它的高度僅埃及大金字塔一半，已於 1987 年列入 UNESCO 世界遺產名錄。

　　死亡之路盡頭是月亮廣場和月亮金字塔。月亮金字塔高 46 米，分成三層，分別有 48、36 和 27 級的階梯，在它上面可以俯瞰整座古城。太陽神廟共有五層，採用階梯狀的梯型疊成，階梯很寬大，很容易爬上頂部。這是全世界少數能供那麼多人登頂的古蹟。

　　看看那些登頂的遊客那種興奮的模樣，你會發現每個參訪者的心理高度比古蹟實際高度要大很多。雖然已老邁，我仍然奮力登頂，免得留下遺憾。站在頂端俯瞰整座古城，下方的死亡大道

和月亮金字塔盡收眼底。據說，太陽金字塔頂端充塞有神秘的能量，許多遊客隨當地人在上面練功吸收能量。其實，能夠親身貼近這麼偉大古蹟，已經是非常可貴的經歷了。有否沾染能量不是那麼重要，那種打心底湧現的莫名興奮，加添太多驚訝和太多的沉思，才是彌足珍貴。

　　一路走過了提卡爾、奇琴伊薩和迪奧狄華肯，看了那麼多座不可思議的金字塔，似乎又回到十數年前站在埃及開羅大小金字塔前一樣，面對的仍然是一連串的巨大問號，好像對於它們建造過程和方式都還停留在一種欠缺說服力的猜測。很多玄之又玄的論斷不時出現，從埃及到墨西哥的學術界，根據建造數據與天體運行規則的對應性，竟不約而同斷言這些金字塔是古人對人類一種智慧的囑咐，倘若是，那麼神祇的囑咐又是什麼呢？在迪奧狄華肯，我看太陽神跟羽蛇神的這場盛會還在彈唱，既然現代人讀不懂祂們互動的姿勢，也只好讓這些大問號留給人類以後的代代子孫去費神解說了。

亞得里亞海岸的浮光掠影

尋找自我的東歐世界

（克羅埃西亞 / 杜布羅尼克）

　　亞得里亞海（Adriatic Sea）是地中海深入義大利半島和巴爾幹半島之間的一個細長內海。斯洛凡尼亞、克羅埃西亞、波士尼亞（僅佔一小部分）和蒙特尼哥羅分別處在這條長達 805 公里長的海岸線上。克羅埃西亞佔了全長的五分之三，雖擁有地理上優勢，但它並沒搶盡亞得里亞海岸的全部風華。

　　亞得里亞海因屬內海，整片海面近乎風平浪靜，碧海藍天，棕櫚斜影，景色既浪漫又美麗。素有「歐洲綠寶石」之稱的斯洛凡尼亞，不但水秀山明，中世紀古堡布列德（Bled），在氤氳湖中忽隱忽現的景象就像愛麗斯夢遊的仙境；首都朱布亞那那些顛覆後現代的城市風格，也令人印象深刻。蒙特尼哥羅的布德瓦（Budva）和科托爾（Kotor）則皆是現今熱門的旅遊勝地。布德瓦有二千五百年歷史的古老港口；科托爾是歐洲最南的峽灣，它保持良好的環城古牆已被列入世界文化遺產。兩個國度各攬勝景，也都能吸引觀光人潮。

克羅埃西雅處在亞得里亞海岸的古城市就有四個，札達爾（Zadar）、特洛吉爾（Trogir）、斯布利特（Split）和杜布羅尼克（Dubrovnik）。札達爾緊鄰著海濱，是千年古城，城牆、教堂、尖塔、石柱及狹窄巷弄依舊保留著古早味，在海濱的堤岸建有一座以浪濤衝擊而能彈奏琴聲的音樂櫃，是世界罕見的裝置，很討人喜歡。

　　特洛吉爾建於 13 世紀，是一座長形狀的島城，古意的商家、樸拙石板路和已被列入世界人類文化遺產的卡馬里克城堡（Kula Kameriengo），是旅人尋幽訪勝的古城市；而斯布利特是克羅埃西亞在亞得里亞海岸上的最大城市，早在三世紀時，羅馬皇帝曾在此地大興土木，建造皇宮（1998 被列入世界人類遺產），走入這些古城，古拙的風情，讓人好像走回到文藝復興和巴洛克的形彩光輝，教人流連忘返。

　　杜布羅尼克則是當今最夯的旅遊景點，除了前往的路上，可以感受到戀戀亞得里亞海的海岸風情之外，最主要是它保存著一座完整古城的同時，還增添不少現代旅遊設施，如飯店、餐館、休閒活動和夜生活等等。這座古城已有 1300 年歷史，曾經被拜占庭、威尼斯和匈牙利統治過，當時可說是富甲一方。在爭取獨立運動中，遭砲擊並嚴重受創後，經過一番搶修才恢復舊時模樣，1995 年被列入世界文化遺產。杜布羅尼克城牆長超過二公里，高 25 公尺，登上古城牆有步道可以繞城一周。站在城牆上，既可觀賞到城內全貌，還可環顧城外不同景色。城內大街小巷、住宅陽台庭院一覽無遺。城牆外靠海峭壁上還有咖啡館、很能滿足那些追求浪漫和刺激的年輕朋友需求，生活步調，看起來彷彿已走入西化自由經濟市場。

我們停留在杜布羅尼克當晚，正值農曆中秋，旅行社特別安排在古城外，護城河邊一家米其林餐廳用餐。一輪明月高掛在古城頭，月光射照護城溝渠，此時此刻的心情，愉悅中帶有點蒼涼。巴爾幹半島已非舊時記憶中的火藥庫，它正想邁入西方的烏托邦？遂想起古人「我心向明月，明月照溝渠」的詩句來。想想有多少住在台灣、生活在台灣的人亦自己認為是屬於中國的一部份，實際上，台灣人已被放逐超過了好幾世紀。克羅埃西亞女作家史拉玟卡・德古麗琪（Slavenka Drakulic）在其《歐洲咖啡館》一書裡，對自共產集團解體後的東歐諸國，有同樣切身之痛。德古麗琪以自身的經歷和專業政治報導的角度，看到歐洲依舊是一塊分裂的大陸。她認為「雖然舊有的秩序已為各式各樣的自由市場經濟與法律的民主所取代，不過東歐與西歐之間仍然存在一道很大缺口，這缺口蘊合兩地人民持續生活與理解世界的不同方式。」

　　就像在亞得里亞海這些旅遊熱門城市，都可以找到一家提供維也納式咖啡與西式裝潢的「歐洲咖啡館」，然而，它們只是巴黎和羅馬的蒼白模仿。東歐國家的人民焦慮地想像西歐人在一樣，但他們本身的價值觀和被其他歐洲地區的可接受性，卻依然教人難以捉摸。我誠心祈禱上蒼保佑這些美麗的國度和它們子民，盼望我們所看到不是浮光掠影。

台灣神木的傷痕
一個象徵台灣人受創心靈和歷史呼愁的標記

（日本／東京、明治神宮）

　　近年來，出國旅遊已經成為台灣人生活上的一種時尚，每到寒暑假的時候，桃園機場出境大廳總是擠滿人潮。赴日黃金航線，經常可以看到全家大大小小，扶老攜幼，準備出國旅遊的盛況。日本離台灣不遠，不但佔有地利之便、而且擁有乾淨的環境，交通規劃完善、治安良好、飲食對味、還有具備一種特殊的迷人風情等有利條件，因此每天在日旅遊的國人一如過江之鯽，當然東京是大部分初次遊日旅人的首站，而明治神宮也一定是他們必遊的勝地。

　　明治神宮是供奉日本明治天皇和昭憲皇太后靈位的地方，是日本神道的重要神社。它座落在東京都澀谷區，地處東京市中，佔地 70 公頃，緊接新宿商業區，佔據了從代代木到原宿站之間一整片的大塊綠地，面積僅次於天皇的皇居。從它入口處的三座大鳥居到神宮之間的參道，濃蔭蔽天，猶像一條寬廣的綠色長廊，兩旁設有成排酒樽，據說裡面真的裝滿了上等的美酒。漫步其間，讓人心情特別感覺清爽愉悅。

明治神宮常常舉行各種的宗教儀式，旅客常常有機會藉此體驗日本人在文化及宗教上的傳承和固守，這種經驗是另類的見習和享受。它的御苑佔地也很大，庭院營造得極為講究，小橋、流水、亭閣，有養著錦鯉魚、栽滿荷花的池塘，數畝的菖蒲田增加不少人文的情趣，更深處有一口充滿傳說的熱門景點「清正井」，讓整個御苑的氛圍充滿一股悠悠的古典清遠。其實這片蔥綠的綠地是座人工樹林，收集日本各地包括台灣、韓國和中國東北，十萬多株如橡樹、樟樹和柏樹等樹木。

明治神宮是日本人信仰中心和精神堡壘之一。參訪時，剛開始就會被那三座木製的大鳥居所震懾。鳥居高 12 公尺，是日本神社建築的最重要和最有特色的部分，傳說是連接神域與人間世的「結界」。它的規格大小不一，有的柱子有十公尺以上。形狀也有十來種不同的風格，但大多是以兩根支柱與一至二根橫樑構成，部分鳥居在橫樑中央置有牌匾。有的鳥居甚至於設在神社前海上，風情特別神聖而優美，是旅客留影的焦點。其實原有的明治神宮鳥居因受雷擊損壞，目前看到的是建於昭和 50 年（西元 1975 年），採用台灣丹大山、樹齡約 1500 年的扁柏，是仿照大正九年（西元 1920 年）的形式所構建而成的。

日本統治台灣以前，台灣許多原始的山林，長滿了所謂台灣「針葉樹五木」（紅檜、扁柏、台灣杉、香杉與肖楠），由於它們有特殊香氣及色澤，木理通直，耐朽、材質絕佳，皆屬建築用的上等材料，經濟價值極高，因而從日治時代開始到國民黨政權撤退來台的初期，相繼深入內山，開闢多條森林鐵路（如阿里山、太平山、八仙山森林鐵路），直通林場，大肆砍伐，然後一列一列的森林火車、一船一船的貨輪載著珍貴的台灣五木，同時也滿

載台灣各種原生林木所受到的傷痕，以及台灣人的歷史呼愁回到日本或運銷到國外。

「歷史呼愁」一詞是諾貝爾文學獎得主、土耳其作家奧罕・帕慕克在其著作《伊斯坦堡》的用詞，它代表人類心靈深處的一種失落感。呼愁不是指個人的憂傷，是泛指全體國民心靈因受滯窒之苦，所感染出來的陰暗情緒，一種介於痛苦與悲傷憂鬱之間的感覺。如今，千年以上的台灣紅檜扁柏等「神木」除了遭到「政治上浩劫」之外，不肖國人及山老鼠濫採盜伐，幾乎被搜刮殆盡，碩果僅存的只剩下新竹尖石鄉鎮西堡神木群、觀霧神木群、阿里山神木群、司馬庫斯巨人神木降、拉拉山、馬告國家公園等不到一百棵的原生巨木，它們已經儼然成為台灣的國寶和精神象徵，我們生態環境的守護神。

國與國之間因戰爭和殖民統治所造成的仇恨和怨懟，也只能靠著眾多老百姓出國旅遊的機會，藉由彼此互動交流取得和解；生態環境的維護也只能靠凝聚國人環保意識來維護和復育。旅遊本身就是一種學習、教育和反思的機會，從知道日本明治神宮的大鳥居的故事那一刻起，在參觀神明治神宮的過程中，確確實實滿懷許許多多的莫名愁緒和省思。

摩艾和合恩角趣聞

「天涯之國」智利之旅趣聞

（智利／合恩角）

　　第一次對南美洲智利這個所謂「絲帶國」、「銅礦王國」、「天涯之國」產生興趣，竟然是在日本宮城縣南三陸町摩艾雕像展示的會場。那些雕像是智利政府在日本東部 311 大地震，嚴重受創以後，特地請他們復活節島的島民，以當地石頭製作的摩艾複製品，智利當局認為摩艾會為災區帶來好運，並可以鼓勵日本災民打起精神。當時，我和我的老伴因緣巧合正在那裡旅遊，在欣賞那些造型既古錐又古拙、象徵「幸福、平安和希望」的摩艾石雕後，我深受感動並為之著迷。

　　摩艾石像原是智利復活島上先民的遺作。復活島位於南太平洋、智利以西外海 3700 公里處，面積只有 50 平方公里，它是一座火山孤島。大大小小約有 900 尊石像，多數為一體成形，換句話說是從一塊大石頭刻出來的，最重的達 80 公噸，相傳是一千多年前，島上居民玻里尼亞人，為紀念他們的祖先所建造的（相當於墓碑）。他們相信這些石像能捕獲祖先的靈力，保佑他們的島嶼風調雨順。至於鑿刻工具、方法和搬運安置方式，以至為何突然被遺棄推倒，至今仍然是一個謎。

　　不過啟動我一探智利的念頭，應該是在台灣高鐵的車上，那個時候高鐵還沒改組上市，公司虧損很大，但是在商務艙的座位上，除了供應咖啡甜點之外，仍然很大氣地每季出版了一本有關旅遊的雜誌供閱讀。有次，我被書中一篇介紹航海家冒險挑戰合恩角的故事，那些出生入死的勇士形象，在台灣不再有英雄的年裡頭，似乎對我催出某種移情作用，當下我即就決定遠赴智利一遊，藉此到合恩岬角向那些已遠去的英雄致敬。

智利位於南美安第斯山和太平洋間，南北長 4300 公里，東西平均寬度僅有 200 公里，整個國土看起來又窄又長，由於幅地橫跨 38 個緯度，從北到南，依據不同地理環境分別有不同地型地貌。北部是沙漠，東部為高山苔原，東南部為冰川和峽灣，環境複雜多元。儘管觀光資源豐富，但一般旅客想一次探遊全境很難，我們僅能選擇那些一直縈繞在心頭的幾個景點走走。

　　合恩角（Cape Horn）在智利火山群島南端的陸地，也是南美洲的最南端。在 1914 年巴馬運河開通之前，這道分隔大西洋與太平洋交界的岬角，一直是海上運輸的必經之路。1616 年荷蘭航海家斯豪滕首度探勘這段航線時，便以自己的家鄉命名。合恩角因其特殊的地理位置及歷史上的重要意義，以及它變化莫測，洶湧詭異的風暴，海水又特別冰冷，堪稱是世界上海況最惡劣的航道之一，有著「海上墳場」之稱。有史以來，曾有 500 多艘船在此沉沒，二萬多人葬身海底。

　　合恩角有一個美麗的傳說從以前一直流傳到現在：凡駕駛帆船成功繞過這個岬角水域的水手，就有資格在左耳刺上一個藍色五角星星，繞過五次者有資格在右耳上刺上另一個象徵榮耀的標記，繞過十趟的水手則在自己的額頭上，刺著二顆紅色五角星，表示航海界最高的尊榮，而且在港邊的酒吧不用自付酒錢。合恩角一直流傳許多迷人、神奇的冒險故事，那是一個競向挑戰自己、勇於冒險犯難，令人嚮往的年代。

　　對臺灣人而言英雄已經失落太久，目前我們是生活在一個沒有英雄的國度。在合恩角的海域上，遙想起那些挑戰合恩角、不管是否成功的水手們，他們曾為人類的發展，做了一項「勇敢的人生宣言」，它讓我一直感到迷惑，現代的台灣人是否還可以自我調侃地說「老兵（英雄）不死，只是凋零」嗎？

探遊冰島必讀的薩迦文集

一部北歐海盜們脫胎換骨的史詩

（冰島 / 雷克雅維克）

到冰島遊覽不管是選擇環島或只走雷克雅維克周邊的金環之路，最好是先讀冰島著名的古典文學作品「薩迦」（Saga）。薩迦一字源自古挪威或冰島語彙，也可以說是冰島和瑞典現代語言中「故事」的意思。薩迦一詞在英國同語系裡則泛指某種傳說或散文體小說，幾乎等同小說、故事或歷史的意思。當代瑞典和丹麥則把它指向非真實或史詩類的敘述散文，屬於一個作者不祥的民間小說，其中含有冒險故事體的意味。

冰島薩迦是冰島先民開始定居在冰島時代時寫下的散文史詩，內容主要是英雄故事和家族傳奇。多數冰島的薩迦發生在中世紀（西元 930 至 1030 年之間），裡頭出現的人物大都是海盜或當了海盜才發跡出來的，一般來說，他們的觀念都是北海海盜式的思維，薩迦可以說是一部關於海盜們脫胎換骨，以生命為代價，逐一草創他們所安身立命的新世界的史詩，薩迦正是冰島的魂魄所在。

在眾多的冰島薩迦中最動人的要算是《尼雅爾薩迦》，和描寫發現、殖民格陵蘭島和芬蘭的《Graenlending 和 Eiriks》。旅途中我買了一本英譯版的《尼雅爾薩迦》細讀，聽聽冰島早已遠去的先民的聲音，那些千年前的祖先猶如恬淡的隱者，在一座世界邊緣外、像荒原的冰窖處，娓娓向來訪旅人述說那些生活的冰天雪地裡艱辛和存在的理由，我的心靈深受到令人窒息的衝撞。對於冰島古籍手稿館館長韋斯泰恩・奧拉松為薩迦所做的基本價值註解，反覆咀嚼，深表同感。它是：

「這個世界是充滿危險性的，它與生俱來的問題足以把心地善良的好人摧殘殆盡，但它又容許人們不失尊嚴地活著，為自己和親近的人承擔起責任。」

冰島薩迦裡的許多故事都與辛格韋德利或稱阿爾庭有關。它處在歐亞大陸與美洲板塊擠壓出來的地表斷層和谷地處，谷地有一面長約七、八公里由熔岩構成的嶙峋峭壁，高約三十公尺，攔成了一處氣勢不凡的天然屏障，這裡就是冰島議會舊址，冰島人魂魄的安息地。從公元十世紀到十八世紀末，當時冰島三十六位地方首領都在這個野外開會，整整延續了八百年。阿爾庭議會、現稱斷崖國會是世界最早議會，比英國議會的出現，還早三百年。一群北歐海盜帶著他們的家人來到冰島定居下來，然後形成群聚的部落，慢慢發現彼此間的磨擦和糾紛，需要有一個公正的仲裁機制，來判斷彼此間的是非榮辱。野蠻的海盜們居然開始親近法律，成為人類最早也最仰仗法律的族群。這些演進過程在薩迦故事出現的人物中，可以發現他們是如何安頓自己的血性情義，進而洗滌和提升自己的人格和靈魂。所以為什麼說薩迦是冰島從事海盜先民脫胎換骨的史詩。

冰島多火山，有 300 座之多，其中活火山近 50 座，1996 年 Skaftafell Memorials 冰原裡的火山爆發，鋪天蓋地的火山灰燼還嚴重影響了歐洲航班停擺的現象，故有「極圈火島」之稱。冰島不僅是第四紀冰帽中心，中部高原仍有冰川分布，而且冰川呈幅射狀向高原四周流出，因而瀑布不少，像北部的上帝瀑布（Godafoss）、黛蒂瀑布（Dattifoss，或稱魔鬼瀑布）、南岸的史可加瀑布，和黃金瀑布都是赫赫有名。嚴格說來，冰島遍地火山石礫苔原廣布，無法農耕，草地面積佔百分之二十四，勉強有些牧場。唯一一條環島公路，在高低起伏的岸邊繞行，路上人車不

多，有一種蒼茫的冷酷，雪原間跌宕不已的漫長曲線，似乎在描繪這個曾被譽為世界最富裕和幸福國度的歷史和生命的理由。

　　曾幾何時，維京海盜的後裔所創造出來「從捕魚郎親變身銀行家」的神話，竟於 2008 年美國金融風暴首當其衝的受害者，一夕之間整個國家陷入了破產深淵，原來神話只是靠著政府高額的借貸、大量外國的投資與過熱的消費支出所堆砌出來的假象。然而這些海盜的後裔較之西方文明發源地的希臘，更具韌性和氣魄，在短短四、五年之間，又腳踏實地靠著出口（電力、漁業和礦產）、內需和觀光，快速地復甦，擺脫了這個破天荒的急速變局。人類從蒙昧、野蠻而進入文明，其實很不容易，然而冰島海盜先民所遺傳下給他們後代，這種洋溢血性和開闊豪邁的基因，讓他們在世界的邊陲還能不失尊嚴地存在著。

地球頂格陵蘭探索

目的地不是旅人唯一探索的目標

（格陵蘭島 / 伊魯利薩特）

　　旅遊的目的地絕不是旅人唯一探索的目標，到達目的地的過程和沿途所見識到的有關歷史文化，以及其地理與自然環境所代表或象徵的意涵，才是滿足旅人心靈探索的重要元素。不然像地處地球邊陲地帶的冰島、格陵蘭島，儘管它們的地理自然環境極端惡劣，物質條件奇差，花費又特別高的地方，就不會有那麼多旅遊者趨之若鶩，競相光臨了。

格陵蘭全部地域幾乎被凍原所覆蓋，一年只分畫和夜兩季，夏季天高地闊，空茫茫見不到任何植物痕跡，苔蘚是唯一的綠色，而冬季長夜漫漫，又深不見底。因此，台灣到這旅遊的人往往只選擇雷克雅維克金環，由於食宿不便、花費太高，大多當天往返格陵蘭島首府 Nuuk 走一圈僅僅而已。這次「地球頂探索之旅」中冰島部分，我們從北部順時鐘方向南行，經東岸回到南邊，做深度的巡遊。格陵蘭島部分，我們則選擇遠赴極圈內的伊魯利薩特（Illulissat），並不惜重資住了二晚。

　　格陵蘭是世界最大的島嶼，屬於大陸島，位於北美洲東北，處在北冰洋和大西洋之間，西邊隔巴芬灣和戴維斯海峽與加拿大的北極島嶼相望；東邊隔丹麥海峽和冰島相望。面積有 216 萬平方公里，大約有百分之八十二被冰雪覆蓋。其實冰島（Iceland）一點也不像字義那麼冰，格陵蘭島（Greenland）也不那麼 green，跟一般人先入為主的感知反差很大。

　　從雷克雅維克到格陵蘭島北部極圈內的伊魯利薩特，飛航時間約三小時，36 座的小飛機飛航中算是平穩。飛機一飛到格陵蘭島上空，機長特別降低高度，讓乘客可以在三千多公尺的空中，鳥瞰覆蓋著冰雪的廣闊岩磐和浩瀚的冰原。白皚皚的景象縱橫數百里，冰融的區域形成很美的紋路圈案，非常壯觀。據科學家研究，這塊冰原是地球命脈所在，因溫室效應，冰原正急速縮小，這是對人類破壞自然生態的嚴厲的警訊。伊魯利薩特是格陵蘭第三大鎮，目前人口不到五千人，市區很小，幾乎見不到人影，半小時就可走完。簡單但色彩濃艷的平房住屋，零零落落散佈在岸邊。沒有店舖和商場，很難去想像，三千年前就有原住民住在這裡，有文獻記載的第一批丹麥商人也早在西元 1727 年。從薩美

奴平原到伊魯利薩特峽灣，岸邊及峽灣內堆積著巨大冰山載浮載沉，面對這種令人震懾屏息、充滿亙古粗獷勁道的景觀和氛圍，真讓人驚嘆大自然的力量，及造物者屢現神蹟的那雙「也許的手」。

伊魯利薩特的地貌和地理環境極為壯觀特殊，我們在午夜的太陽下，搭乘小船在大大小小、晶瑩剔透的冰山穿行，並深入到北邊 80 公里處艾奇冰河（Eqi Glacier）的邊緣，冰河長超過三公里，平均高度二百公尺，冰河舌廣達數百米，直接傾注入海，不但可以聽到冰河移動和崩塌的聲音，整個過程讓人感到驚心動魄，終身難忘。地球上很少地方能像這裡一樣，滿足旅人大自然的鬼斧神工以及尋奇探勝，同時就近目睹巨大冰山和冰河裂解的場面。2004 年，聯合國已把這兒列入人類世界遺產名單裡頭。

在伊魯利薩特旅遊見不到現代文明所刻意堆砌出來的林林總總人工的累贅，它那玉潔冰清讓人不輕易踩它一腳的世界，反而更能夠喚醒人類生命最底層的感悟。在面對這千古的原始冰原，根本看不見人類高低尊卑和升沉榮辱，看似沒有半點生命跡象的凍原雪地，居然有人類在這兒生活，而且一代一代延續下來，在它發展歷史和住民的身上，人類可以找到得以延續的樂觀理由：只要人類像冰原的原住民那樣，對自己的周遭的自然環境少一點毀損，多一點維護。

試著去認識吳哥窟

一座彷彿可觸摸到樂章律動的吳哥王朝廟山

（高棉／暹粒）

　　「微笑高棉」是柬埔寨（又稱高棉）的象徵，吳哥窟則是它的標誌，印記著一頁高棉吳哥王朝璀璨文明遞延的滄桑，和當時社會繁榮富強的盛況。「微笑高棉」是環繞在吳哥窟中央尖塔，49 片巨型佛臉石雕當中的一個，它以傲世動人的會心微笑，迎向來自世界各地朝聖的人潮，並為這座莊嚴華美的廟山、「集中了人類最偉大的天才和智慧」的蓋世藝術殿堂的展示，拉開序幕。

　　十三年前，我首次前往吳哥窟只是衝著它是「世界七大奇景」及「世界文化遺產」的名號，像一般旅人一樣試著去尋覓另類旅遊的驚喜。當時高棉剛對外開放不久，還沒有暹粒─吳哥機場，我們是從它的首府金邊入境，然後搭了六個小時的小巴，才到達暹粒的旅邸。過程儘管沒有目前的便捷舒適，不過，瞻仰古蹟、或是追尋一段歷史滄桑的記憶，一向不都是那麼艱難的嗎？否則就太辜負了古蹟那種「祕藏的奢侈」。老實說，我初訪的動機，憑弔的意圖遠勝過欣賞的意念。

　　記得第一眼瞥見那座保存尚稱完好，構造宏偉，處處被粗大的樹根和老樹盤結糾在一起的廢墟景象，身心像受到雷擊般，一種劇烈的震撼讓我感到目瞪口呆。我當時的心境就像二百多年前那位法國生物學家，無意間在森林發現它時，所發出的感嘆一樣，他說：「此地廟宇之宏偉，遠勝希臘、羅馬遺留給人類的一切，一見到吳哥的古剎，人們立刻忘卻旅途的疲勞、喜悅和仰慕之情油然而生，一瞬間猶如從沙漠踏足綠洲，從混沌的蠻荒進入燦爛的文明。」

吳哥窟占地近 200 公頃，長 1500 公尺，寬 1300 公尺，四周被一道寬 190 公尺、明亮如鏡的護城河，圍繞著一個長方形、滿是鬱鬱蔥蔥樹林的綠洲。圍牆由紅土石構成。綠洲正中的建築乃是吳哥窟的象徵須彌山的廟山（神王合一的皇陵）。它雄偉的造型，平衡的佈局，協調的比例，優美的線條，威風赫赫，一直被廢棄在荒蕪人煙的叢林中長達四、五百年，直到十八世紀中以後，才又重見天日。

我們這趟前來，參考不少資訊，並有專家隨行，所以對這座藝術瑰寶才稍有認識。它的建構綜合了歷代高棉廟宇建築的兩個基本元素：立體廟山的多層方壇和平地廟宇的迴廊。吳哥窟的廟山便是由三層長方形有迴廊環繞的平台組成，層層高疊，形如金字塔。吳哥窟整體的佈局、結構營造、迴廊、長廊及密檐石塔都是建築藝術的傑作。它的門窗、石獅等圖雕，以及畫廊、石柱山牆都是曠世的精美浮雕。浮雕是吳哥窟藝術的凱旋曲，描繪印度兩篇梵文史詩，和吳哥王朝歷史的片段。

蔣勳在他的《吳哥之美》乙書中很感嘆地稱道「吳哥，如此莊嚴，如此華美，不可思議。」又說「吳哥像一部佛經，經文都在日出、日落、月圓、月缺、花開、花謝，生死起滅間誦讀傳唱，等待個人都領悟。」筆者庸俗缺乏智慧，無法領悟他那形而上的感悟，倒是可以從他在電視台介紹吳哥壁畫之美的片段領略幾分，尤其講到那些千姿百態、衣裙擺盪、婀娜嫵媚的仙女浮雕時，處處引人入勝。這一趟我就跟著他的腳步，試著從壁畫迴廊開始學習，試著去認識這座莊嚴華美的殿堂。

壁畫迴廊的牆面浮雕分為高、中、下三橫層，分別繪刻王

室、將領、平民的生活。數十根立柱，一字排開，為這座宏偉的廟山，添加橫向空間的節奏感。畫廊的重檐為這座廟山的外觀添加縱向韻律感。仔細覽讀畫壁上的各種精巧浮雕，像在閱讀一首長長但非常美妙的史詩，而浸潤在這充滿節奏感的氛圍內，我好像面對著可以觸摸到樂章律動的城牆，那種感覺很奇妙、很平靜、感到陣陣無法形容的愉悅。蔣勳探訪吳哥窟不下十四趟，而且還想再去。對他而言，吳哥窟是一座取之不盡的藝術殿堂，以及心靈寄託的聖地，然而，他又很感慨地覺得「美，總是走向廢墟」，他對這座曾是輝煌繁榮的王城，飽受戰爭蹂躪和瘟疫吞噬，以致煙沒在叢林長達四、五百的遭遇的吳哥王朝朝山，似乎有另一種頓悟。有傷感，也有憧憬、像是在憑弔，又像是在為它詠唱。猶如筆者相隔十三年兩次到吳哥旅遊的感觸一般，充滿悖論，然而，在人類進化的過程中，不就是「沒有悲劇就沒有悲壯，沒有悲壯就沒有崇高」的嗎？

白神山高原映象之旅

原來旅行可以是一種與季節和大自然的晤對

（日本／本州東北部高原）

　　日本的導遊說，我們這趟的旅程是有夠深度、夠偏僻、也夠原始的。即便是日本本國的民眾、包括日本專業導遊，很少有人會刻意來到這片未經開發的白神山原始山林。全程由日本最北端的青森縣跨過秋田縣、山形縣到新潟縣。整個過程幾乎都在山區的原始森林裡轉悠，偶爾沿著日本海奔馳，一路上鮮少碰到人煙，我只能在車內，默默地與初秋的山林和靜謐的海洋對晤，不然就是每天的傍晚，等著入住旅邸，享受日式露天風呂（含不老不死溫泉、男鹿溫泉、鳥海山溫泉、天童溫泉及邱比特度假村溫泉）泡湯的樂趣。

白神山地（前稱弘西山地）是跨越青森縣西南部及秋田縣西北部的廣闊山地、一處未經人類破壞的山毛櫸原生林，1954 年被聯合國登錄為世界自然遺產。總面積 1300 平方公里，百分之七十四偏靠在青森縣這一邊。白神山區被設定為禁獵區，因為它代表「在陸上、淡水、沿海及海洋生態系統及動植物群的演化與發展上，持續進行中的生態學及生物學過程的顯著例子。」在白神山山毛櫸原生林中，可以看到幼苗、成樹、老樹、以及腐朽倒下的死木並存的自然生態。

　　白神山地的可貴是因擁有世界十分稀少的廣大原生林，而不是它的壯麗自然景觀和名勝風景，然而，沿途的景色也算秀麗。長滿青苔的大小巨岩與樹林相映成趣。周邊幾處風景區像法體瀑布和津輕國定公園十二湖等等也夠讓人流連半天。法體瀑布是秋田母親河子吉河的源頭，由三區的小瀑布組成。瀑布長 100 公尺，落差 57.4 公尺，瀑布直面山巔傾瀉而下，衝擊而成一個約 30 公畝的「玉田溪谷」，水質清澈，環境幽美，曼妙氛圍很適合遊客在這裡逍遙半天，日本著名電影《釣魚迷三平》就是以此作為背景拍攝的。十二湖擁有大小湖泊 33 個，山泉由高而低，一個接一個奔流，沉澱的碳酸鈣把倒下的枯木鈣化成結晶體，仿似琉璃般的藝術品。在山毛櫸原生林圍繞下的寂靜步道漫遊，自有一份在暮秋的靜晤中才能體會到的韻味、和一分遠離塵囂的悠悠情懷。原來，旅行可以是一種與季節和大自然的晤對。有位旅行家說「山林之美，在於山巒的能量和姿態；山巒之美，在天地的能量和姿態。」我們在白神山這片原始高原上，一直能夠感受到這股的能量和姿態。

　　這趟行程另一個重要景點就是山形縣鶴岡市的羽黑山，它是日本修行者修煉的重要道場。羽黑山、湯殿山及月山並稱「出羽三山」，分別代表人類的今生、來生和前世。羽黑山則是三神合

祭殿的所在。米其林觀光指南把羽黑山參道及三百到五百年樹齡的杉並木評為三星最高旅遊景點。羽黑山是最低的一個道場（海拔 400 公尺），它的參道石階有 2446 階，要爬完全程來回得花二個小時以上。我們是由身著白色修行者古裝、佩帶法螺的山武士帶領，費盡心力，上上下下才完成這趟「苦修」。不過，在看到國寶級的五重塔和千年的「杉爺」時，就像是完成了一趟充滿法喜的朝聖旅程，不覺精神一振，勞累盡消。

靜靜聳立在參天古木中的五重塔，起源於印度的佛塔，相傳創建於一千多年前的平安時代（西元 920 年），由平將門所建造。天然未上漆的木林，採古老工法打造。古塔雖然歷經五、六百年寒風大雪侵襲和考驗，至今仍然屹立不搖，是日本東北地區最古老的木造佛塔，現已被列入國寶。據說，現存五重塔是 1372 年所重建，1608 年整修過的，塔高 29.2 公尺，造型仿若展翅的飛鳥，非常典雅，1966 年被指定為國寶級珍貴建築。

感覺上，這是一趟接近大自然、欣賞高原原始容顏之美的旅程，把日本東北高原靜態的山林、河川、溪谷、村野和農舍，配合人文鄉趣等動態活動，如寒風山賞日本舟、人道崎看夕陽、欣賞生剝鬼大鼓秀、竹竿燈籠祭典體驗、由利高原支線車慢活之旅、親臨紀念日本俳聖的巴蕉堂等，譜成了一曲動人心弦的高原映象組曲。在歸程返台的路上，一想那片原始的山林和五重塔，筆者總會不知不覺地在心底，吟唱起自己在這趟旅途中所仿作的俳句來：

阿寶野川早就看到初秋的楓紅喲。
答嘴鼓嘻笑聲道盡人世間離合悲歡。
旅途累困美景依舊努力向前走。

世界上最不可思議的寺廟 —— 虎穴寺
信仰是人對「擇善」的堅持，而堅持得靠本身的信心和勇氣
（不丹 / 帕羅）

    不丹不僅是一朵神秘的彩雲，同時也是一個非常不可思議的王國。要不然，有誰相信十七歲的不丹國王凱薩爾・旺楚克會對一個年僅七歲的小女孩吉增・佩瑪一見鍾情，並向她單膝下跪立下婚約：「等妳長大，就娶妳。」十四年後，倆人真的履行約定結了婚，這破天荒的愛情故事不但非常的浪漫，簡直是不可思議。又有誰相信不丹最神聖的寺廟虎穴寺（又稱塔克桑寺 Taktshang Goemba），竟然是吮貼在海拔 3120 公尺帕羅峽谷，高達 900 公尺、險象環生的懸崖峭壁上，怪不得它會被列為世界上最不可思議寺廟的首名。

    相傳西元八世紀時，第二位佛蓮花生大士騎著一頭飛虎，從西藏來此峭壁的岩洞冥思苦想修行三個月，除了鎮服當時在山區作怪的鬼怪之外，還留下不少神蹟和傳說。離去時留下一只金鋼降魔杵，或稱金鋼橛，直到一千年後才被發現。1692 年開始，不丹人民在洞口興建寺廟作為不丹教化的聖地。不過一場大火把寺廟嚴重破壞，直到 1998 年重建，但同年四月又盡毀在另一場火災裡。目前所見寺廟是 2005 年不丹政府花了五年所重建的。

    上虎穴寺只有一條崎嶇的黃土山路，分三段，前二段是比較平緩的上坡路，可以自己花錢騎馬到觀景台，最後一段由觀景台到虎穴寺，落差有 900 公尺，都是上下坡的階梯，來回得花上二個小時，全程要靠本身的腳力和意志力。一般老弱婦孺只能留在觀景台「望山興嘆」。筆者雖近八十，每天都有花一個小時晨泳健身，自認體力尚可，也就跟著大伙往山上走，因一向自認為美好的旅程未竟全功就是不完美。

對不丹人而言，這是一條朝聖的路，這條路看似艱難，但比起西藏的喇嘛教徒花上幾個月，一路五體投地膜拜，往拉薩不達拉宮朝聖的虔誠態度，顯然無法相提並論。信仰是一種「擇善」的堅持，堅持就得靠本身的信心和勇氣。像許多不同宗教一樣先有了神蹟，然後再由人類為它創造更多不可思議的奇蹟。其實，所有信徒向各方神祇的呼求，就是對自己內心信心的呼喚。

　　到達山門前，可以見到一道 60 公尺的飛瀑灑向山谷。站在寺廟平台眺望，四周都是高聳的柏樹，絡絡苔蘚垂墜，把帕羅河谷優美風景一覽無遺。虎穴寺幾個座落的殿堂都俯貼著狹窄的山壁建設，隔間不大又不規則，高低不一、紅黃塔狀廟頂和窗戶配上雪白的廟壁，高懸在斷崖險壁上，與山岩壁渾然一體，構成一幅險象環生又絕美的景觀，站在廟埕往下俯瞰，儘是茂密的叢林，林間點綴著一些金黃的稻田和紅色農舍。這是賞景和靜休的好地方，可惜美中不足，為安全起見，已不允許一般的香客進入廟內。

　　佛教是不丹的國教，虎穴寺是不丹人民朝聖之地。佛法的信心和生活的知足主導著政府的政策和百姓生活的態度，百分之九十七的不丹人民認為自己很快樂。不丹人認為「真正有品質的生活，不是生活在有高物質享受的地方，而是擁有豐富的底層和文化。」不丹政府不以經濟發展為優先，卻以一個快樂的國家為職志，以平等、關懷與生態理念，即所謂的「國民幸福總值」，建構他們的國家成為快樂的大國。走了一趟不丹回來，對於不丹人看似「不可思議」的生活理念和態度，或許可以稍稍了解一二。

金光閃閃的仰光大金塔

文化的最終目的就是要在人世間普及愛與善良

（緬甸／仰光）

　　如果你是位佛教徒，而且對佛教的僧廟寺院情有獨鍾的話，我建議你不妨去走一趟佛國緬甸。從它的古都蒲甘，轉瓦城（曼德勒）回到仰光，不用說，光是蒲甘萬塔之中、一些規模龐大、造型特殊、歷史悠久、保護良好的有名寺廟就夠讓你眼花撩亂，曼德勒山上佛教聖地八大寺廟，還有仰光好幾座世界級寺廟像喬達基臥佛寺（供奉世界最大臥佛）、樂伯幕尼佛寺（供奉總重670噸白玉原石的佛像），和被列入世界最不可思議的仰光大金塔，花上一、二個禮拜去參拜，都拜不完。

　　緬甸原來的涵意是「遙遠的郊外」，顧名思義就是一個看淡名利、逍遙自在的國度。全國有百分之八十五人口信奉佛教，軍隊五十萬，而和尚卻多達六十萬，以致境內遍佈大大小小的寺廟和寶塔，也就不足為怪。自古以來，緬甸人民由於深受佛教教義薰陶，民族性極其溫馴謙卑，宛若逍遙自在的蝴蝶。他們向來好以黃金妝點佛像和寶塔，也難怪到處金光閃閃，金碧輝煌，因而贏得「黃金王國」及「蝴蝶王朝」之美譽。這趟我們一路不僅親訪參拜蒲甘幾個較具規模和神蹟顯赫的寺廟，像金光閃閃的瑞西貢寶塔、金碧輝煌的阿難陀佛寺、能夠俯瞰整個蒲甘平原的瑞鼓吉佛寺、高貴典雅的達比鈕佛塔、以精美壁畫聞名的古寶基寶塔、達瑪揚基佛塔、和可爬上頂層賞夕陽的瑞山多寶塔等等，我們還花了老半天登上曼德勒山上佛教聖地。這些佛塔的耀眼光芒令人眼花，太絢麗璀璨的色彩也無法讓人一一窺探，然而，無論如何

你絕對不能錯過仰光大金塔。

　　仰光大金塔又稱雪德宮大金塔（Shwedagon Pagoda），是一座窣堵坡（佛塔），建於 18 世紀，位於印光北茵雅湖畔的聖丁固達拉山上，是仰光的最高點，它在仰光天際線上獨佔鰲頭，巍峨壯麗、金光閃閃，與柬埔寨的吳哥窟、印尼的婆羅浮屠，一齊被譽為世界十大最不可思議的寺廟。它的底座周圍長達 432.8 米，高 99.4 米，是目前世界上最高佛塔。主塔四周環牆，開南北東西四個入口，現備有電梯供遊客登上 70 級大理石台階上大金塔平台。

　　大金塔基座內設有佛殿，供奉玉雕佛像，外設四門，門前各有一對石獅。金塔上下通體貼金，四周環繞四座中塔、64 座造型各異的小塔，共用了黃金 7 噸多。在塔頂金傘上，還掛有 1065 個金鈴和 420 個銀鈴。上端以純金金箔貼面，頂端還鑲有 5448 顆鑽石和 2317 顆紅寶石。這裡是緬甸人民信仰的中心、禮拜佛陀的聖地，每天擠滿絡繹不絕的人潮。夕陽西下的時候，燈火通明，呈現一種壯觀富麗，卻不失恬靜祥和的氛圍，讓人頓感心境如鏡。繞了大半個緬甸，感覺上，彷彿從它的古代走到現代，儘管這些著名佛塔規摸都很壯麗、一派繁華，然而，因經歷英國和日本殖民統治和其他政治因素的影響，人民生活水平還處在開發中國家之列，國民所得遠低於台灣十幾倍。不過，因受佛教安貧樂道、慈悲為懷的教義影響，走在仰光的唐人街和翁山市場，在那百業雜陳、熙熙攘攘的市肆裡，還是可以感受到他們那種樂天知命的樂活個性。

　　所謂文化就是「一種精神價值及生活方式，它通過積累和引導，創造集體人格。」在行程最後幾天，我們在仰光大街小巷、

商場市肆，小販、街頭藝人、三輪車伕等互動中，看到他們各行各業都在堅守自己的崗位，樂觀地演釋著自己在人生上的角色，雖然生活在不算富裕，然而深受宗教影響的文化最終目標，不就是要人們在人世間要普及人類的愛和善良嗎？至少這一方面，緬甸的老百姓是做到了。

滿天彩色神佛的南印米納克希神廟

空間氣勢和歷史韻味把這座神廟推上了美學的極致

（南印度/默德萊）

　　內人和我常自認是一對快樂的旅人，我們幾乎把畢生大半的儲蓄花費在旅遊的開銷上。雖然已步入人生的末階段，我們還是盡可能找機會遊蕩天涯，以完了前半生與地球上每個陌生國度未續的情緣。今春的第一站，我們選擇走向南印度，兌現十八年前

旅遊北印度時，為自己所許下的諾言。

　　印度是一個非常特殊的文明古國，它那多元性、豐富性、神秘性和複雜性的社會制度，具有一種款款的深情，很能勾勒出旅者內心尋幽探奇的奢望，有時候，似乎更能拴住他鄉遊子落寞寂寥的心。儘管十八個年頭過去了，北印度阿格拉的泰姬瑪哈陵和捷布粉紅色的城堡，還是一直讓我們感到魂縈夢牽。不過在泰姬瑪哈陵、蒙兀兒王朝在北印崛起之前，南印度的達羅毗荼文明早已發光發熱，它的歷朝歷代不乏建築高手，阿旃陀石窟、艾羅拉石窟、還有不少印度教大廟，米納克希神廟就是其中的代表作。米納克希神廟座落在印度古城默德萊的市中心，是印度最大寺廟建築群之一，也是印度少數膜拜女性神祇的宗教紀念性建築。米納克希女神是由印度教神祇帕爾瓦蒂轉世的，她擁有一對如魚般完美亮麗的眼睛，象徵生殖和愛情。從六公尺高的圍牆往外窺探，神廟像燈塔般指引著來自各地的信徒來此朝聖，每天人數幾達二萬人次。

　　一般而言，米納克希神廟被視為是印度教寺廟的典範、寺廟建築的顛峰之作。它宏偉高聳的廟塔、呈三角錐體的塔尖、滿天彩色華麗、活潑生動的神佛雕像，不但震撼人心，更眩暈人們的視覺，它對印度美學的貢獻絕不遜於北印度的泰姬瑪哈陵。米納克希神廟雛型開始建於十二世紀潘地亞王朝，不幸，1310 年因伊斯蘭軍隊入侵，洗劫神廟，所有文物幾被破壞殆盡，現正規模都是十三世紀到十六世紀期間，陸續完成的。

　　米納克希神廟佔地六公頃，四面各有高達九層大塔門（gopuram），其間另有七層、五層和三層門塔八座。最核心的兩座聖殿上端都是純金塔型尖頂。東大塔門前東摩拉街上還擺置

一隻披著華麗衣裳、造型奇特的淡藍色南迪（印度教神祇濕婆座騎）。介於南迪和東大塔門間是長 100 公尺寬 31.5 公尺的普度拉多柱廳（Pudhu Mandapam），廳內有 124 根華麗的石柱，上面雕塑著印度教諸神佛的神話故事。從東大塔門進來，會到維拉瓦山塔里亞多柱廳（Veera Vasantharayar Mandapam），走到中段直通北邊的千柱廳（The hall of thousand pillars），它是神廟內最大的廳堂，呈正方形 85 根精雕生動的立體神像的廊柱，層層排列，非常壯觀，它的盡頭為那塔拉賈、展示濕婆跳宇宙之舞時的姿態。米納克希神廟屬達羅毗荼建築，除了大塔門牆邊排列數千座栩栩如生的神佛、妖怪、和動物的彩色石雕，廟內各千柱廳的柱子也都是精緻細膩的雕飾。

西大塔門背著陽光，門后面對兩座五層塔門。南大塔門高 54 公尺，是最高最華麗的一座，九層塔上頭雕塑 1511 個神話中的神祇，真是琳琅滿目，美不勝收。南大塔門正對面有座 50 公尺長、32 公寬的金蓮花聖池（Golden Lotus Tank），聖池用以沐浴淨身，對印度教教徒意義重大，有除罪去病的作用，通常信徒會先在池裏洗滌手足才進入聖殿。印度許多現代文學家每年會仿古代文人雅士在池邊吟詩作對。

總之，整個空間氣勢和歷史韻味把這座神廟推上美學的極致。筆者在神廟盤桓多時，感到它不僅是神佛的殿堂，而且還是藝術博物館，比起希臘、埃及那些神廟也不遑多讓。只是，令人感到有些遺憾不解，神廟周圍的迴廊長期被上百家、五花八門的店家所盤踞，宛如大市集，喧鬧的場面與宗教的氛圍不對稱，功利現實和信仰追求的境界相背離，是人們的無知，抑或是為生存被迫的無奈，現實的人世間總是充滿悖論。

被割捨的埃及方尖碑

即便是歷史的碎片，依舊神秘光彩讓人驚艷

（埃及 / 陸克索）

　　據最近的外電報導，一座著名的古埃及法老拉美西斯二世的雕像第四次搬家，主辦單位還特別設計運輸車輛，從吉薩金字塔塔群附近，小心翼翼地把它給「移駕」到新建的大埃及博物館門口。這座高十二公尺、重 80 公噸的雕像，最早於 1820 年被一名義大利考古學家卡維利亞，在古城孟菲斯遺址所發現，目前已成為埃及振興旅遊業的最佳代言人，用以挽救自 2011 年埃及發生革命以後一蹶不振的觀光業。

　　觀光收入是埃及全國最主要（幾乎佔了一半）的經濟支柱。埃及雖有一百萬平方公里的土地，不過百分之九十五是沙漠，全國百分之九十九人口都聚居在世界第一長河尼羅河兩岸的狹長河谷地上。尼羅河在埃及境內長達 1350 公里，從南到北貫穿整個國家，它是埃及的命脈，更是埃及古文明的發源地。沒有尼羅河就沒有埃及。所有古蹟及觀光景點也都在這條線上。

　　自西元前 332 年，埃及被外來勢力滅國以後，它的古文明和文化知識幾被消滅殆盡，沒被傳承下來，也怪不得很多旅行家常常感慨地認為，他們只知埃及如何衰落，卻不知道埃及如何構建。然而，從那些接受過或滑落過幾千年風沙侵襲後，所留下的那些粗獷和樸拙的古蹟、像金字塔、廟堂、雕像和木乃伊等等，在在都象徵著埃及古文明不朽的永恆，即使僅是碎片，依舊神秘光彩讓人驚艷。這就是為什麼旅人一生必遊埃及的最佳理由。

　　千禧年的農曆春節，我們由開羅直飛阿布辛貝（Abu

Simbel）、亞斯文（Aswan），然後搭乘郵輪沿著尼羅河到孔翁坡（Kom Ombo）、艾得芙（Edfu）和陸克索（Luxor），最後到亞歷山卓。參觀景點也從開羅近郊的吉薩金字塔群，諸如胡夫金字塔（俗稱大金字塔）、卡夫拉金字塔、孟卡拉金字塔和人面獅身雕像開始，到沿途各重鎮所留下的神廟，如菲萊神殿（Phila）、霍魯斯神殿（Horus）等等，規模之浩大、工程技術之艱難、雕刻和壁畫之精美，遺留的古文字之豐盛、動用人力和航運器具以及管理上之有效性，在在都讓人嘆為觀止。

　　譬如說，建設所用石材，一塊石頭的重量動不動就從一、二公噸到五十公噸，一個雕像或一根廊柱的高度和重量都是十幾二十公尺以上、重量近百來噸，一座方尖碑高度二、三十公尺以上，重量也都上百噸。在四、五千年前到二、三千年前，那段沒有器具、近乎完全手工的年代，是什麼神奇的力量造就這些精湛的工藝，進而驅動並建構完成這些高達近一百五十公尺傲人的工程呢？一切都是解不開的謎團。到過希臘雅典的旅人很難忘懷帕特農神廟的精湛壯麗，然而，論空間的氣勢、時代的韻味，筆者更喜歡埃及的這些古蹟。

　　想要稍微了解古埃及人的生活，古都陸克索似乎更能貼近它的事實。陸克索古稱底比斯（Thebes），始建於公元前十四世紀，它是歷史名城，曾經是新王國時期諸多法老王，如塞蒂一世和拉美西斯二世的權力中心。卡納克神廟（Karnak Temple）就是代表當代至高無上的宗教機構，其影響力累積了 1300 年以上。拉美西斯二世統治埃及達六十年，活到了九十一歲，南征北討，帶領埃及進入最後的鼎盛時期。為宣揚國威，甚至遠在千里之外的不毛之地 ─ 阿布辛貝，花了二十年，直接在山壁上鑿刻了四座高

約廿公尺，奉自己為神的本人巨像。

　　陸克索卡納克神廟有三個主要建築：阿蒙神廟、穆特神廟和蒙圖神廟（後兩個幾成廢墟）。多柱廳是阿蒙神廟最吸引人的地方，占地 6000 平方公尺，廳內共有 136 根巨大石柱，高達 23 公尺，周長 15 公尺，上面雕刻的象形文字和眾神浮雕依舊清晰可見。入口處有一排羊面獅身像，路的盡頭則是 43 公尺高石牆的第一道塔門，牆後庭院矗立拉美西斯二世巨大雕像，以及供奉他的小神廟，小廟外也有許多羊面獅身像，規模之大要花上好幾天才能綜覽它的全貌。遊歷埃及，就好像在歷史和地理的交錯中憑弔古蹟一樣，常常讓人有很深很深的感悟。譬如說，十多天的埃及全覽之旅，法老拉美西斯二世的陰魂幾乎不散，到處都有他的魅影。也許他在埃及歷史長河裡佔了關鍵的角色，是他的偉業造就當時的繁華，同時也是他的揮霍導致了埃及走向衰亡。有不少歷史學家都認為，拉美西斯一心為自己造神的夢想，阻斷了埃及文明的後續。

　　卡納克神廟大門前的兩旁，原本各聳立了一座花崗岩方針碑，右邊那座在 1836 年的時候，被當時的總督穆罕默德阿里，強迫贈送給法國國王路易斯・菲利普，以作為交換開羅一座清真寺的鐘塔，目前這座方尖碑被置立在巴黎的協和廣場上。最可笑的是這座鐘塔自始都沒能走動過。歷史原本就充滿詭譎，這座象徵帝國榮耀的埃及方尖碑，就這樣被割捨掉了，筆者合理的相信，為著振興經濟，現代的埃及人應該會很理性地看待他們法老拉美西斯二世的笑聲和淚痕。

讓深山美景不再遲暮
讓比熊貓還要珍貴的圖瓦人逃脫宿命
（中國／北疆）

　　十幾年前，走完中國北疆回來，常會不經意地再想起那裡的白哈巴村，想起那一片藏匿在深山內、粗獷蒼鬱的谷地、遼闊清遠的山川和純淨濃郁的鄉趣。往昔走這一趟旅程並不像現在那麼簡單便捷，要從台北經香港到廣州，轉飛烏魯木齊，然後再搭好久好長的車，舟車勞頓加上候機搭機的折騰，總讓人覺得中國北疆與台灣之間的距離非常艱鉅和遙遠。

　　新疆與蒙古、哈薩克斯坦、吉爾吉斯斯坦、塔吉克、俄羅斯、阿富汗、巴基斯坦和印度等八個國家接壤，邊界長 600 公里，是中國陸地邊界最長的省份。沒有到過新疆，不知道中國之大，沒有到過北疆不知道新疆之美。一般旅人都採南北疆兩條路線，分開作探索。走南疆含「絲綢之路」去敦煌，因有文化和歷史的襯托，是多了些感悟，但也多了一些精神上的負荷。同樣都是被沿途迷人的景緻和不同風土民情所感動；然而北疆那猶如人間淨土所展現的絕美視覺和氛圍，其實更能貼近旅人的心靈。

　　白哈巴村是中國西北與哈薩克的接壤邊界的第一村、稀少民族圖瓦人居住和生活的小村落。由於地處國防敏感邊陲，需辦邊防證，才可進出，而且還不歡迎外國人。同種同源的圖瓦人由於歷史的因故，分為三種：俄羅斯圖瓦人、蒙古國圖瓦人和中國圖瓦人。住在白哈巴村的圖瓦人血緣純正，不若住在禾木村的居民滲雜大多的哈薩克人。有學者認為中國圖瓦人是蒙古族的一支，相傳是當年成吉斯汗西征時所遺留下來的老、弱、病殘士兵，逐漸繁衍至今。不過白哈巴村長老認為他們是 500 年前從西伯利亞移民過來的。目前人數全中國約二千多人，住在白哈巴村僅數百

人。圖瓦人自喻為自己是比熊貓更珍貴的稀有人類之一，一直受到聯合國和中國政府的保護。目前他們分布在新疆布爾津縣、阿爾泰山深處的喀納斯湖區的白哈巴村、禾木村和喀納斯村。

白哈巴村座落在谷地二條溪流間狹長的台地上，依山傍水，是一個遠離塵囂的世外桃源。一棟一棟尖頂木楞屋散落在群山之間。小橋流水，炊煙裊裊，奶酒飄香，古樸的山間聚落像喀納斯湖一樣充滿神秘色彩。圖瓦人用松木搭蓋成尖斜的小木屋，他們用一根一根粗大原木，鑿出木槽，在槽內塞上河邊的青苔，然後把原木相疊而成木屋。村子周邊是一排排胡楊和白樺，秋天呈現一片濃烈而明朗的金黃色。這裡的景色一如田野牧歌的歐風氛圍。據當地人描述，白哈巴村四季各有不同的美麗風貌，只是一到冬季，就變成與世隔絕的雪鄉。問一位當地的年輕人如何度過那段漫長的冬天，他竟直率地告訴我們說：喝酒、做愛和睡覺。

中國圖瓦人以游牧、狩獵為生。近 400 年來，他們幾乎沒有跟外面世界有任何往來，基本上還保持著比較原始的生活方式，大多數村民一生從沒跨出過他們出生的村落。圖瓦人熱情好客，崇尚禮儀，勇敢誠實。中國政府為著保護他們，不遺餘力，先是直接給予金錢，發現效果不彰，反而養成他們酗酒的惡習，現在改以贈送牛羊，並輔導他們經營農牧，像保護稀有物種那樣。

中國北疆行能夠讓人和自然親密地貼近，能夠讓人在遼闊的谷地更愉悅地舒展，也能夠認識和了解人類少數民族圖瓦人幾百年來苦守深山谷地的宿命。當地球村時代來臨的時候，樂觀的看法是會有更多的旅人來到這片神秘的谷地，讓這處深山內的美景不再遲暮，為圖瓦人打開通往外面世界的大門，也間接地協助他們終止那命運中、像漫漫冬夜般永不休止的徒勞等待。保護瀕臨滅絕的物種是全人類的天職，熊貓因保育成功都可以從瀕臨滅絕名單中除名，更何況是像那些樂天知命稀少民族的圖瓦人呢？

遊覽土耳其的歷史風景

從歷史的遺跡中可以窺探到他們民族步履的蹣跚

（土耳其／伊斯坦堡、特洛伊）

　　土耳其橫跨歐亞大陸，位居黑海和地中海之間的海路要津，自古以來即是東方進入西方的必經之地，戰略地位十分重要。從它的西台帝國開始，歷經馬其頓帝國、羅馬帝國、拜占庭帝國到鄂圖曼帝國，每一個朝代都留下豐富多彩且多元的歷史印記。不過，在鄂圖曼帝國瓦解以後，世界幾乎忘記了這個國家，在二戰後不算短的日子裡頭，似乎完全遺世孤立。諾貝爾文學獎得主奧罕慕克（Ortham Pamuk）在其作品《伊斯坦堡》裡面，就有感而發地指出，介於伊斯坦堡與世界之間，好像隔著一層霧濛濛的窗戶，投映在它上面的都是土耳其人民的歷史感傷和痛苦的生活。如今事過境遷，隨著時代的演進，所有發生在這個國家的悲傷和矛盾，都變成最吸引旅人的觀光賣點。奧罕慕克所謂的「歷史呼愁」，反而鼓勵他們的國人，逆向閱讀這個國家的歷史和生活。

　　根據荷馬史詩《伊利亞得》改編、由布萊德比特主演的《木馬屠城記》不但席捲當年的全球票房，也間接喚醒世界旅人對這個集自然和人文古國的嚮往。目前，每年到土耳其巡禮古文明的旅客超過三千萬人次，土耳其人已經

不把挫敗與貧窮看作是歷史的終點，而是他們出生以前便已決定的光榮起點。因為有這樣的認知和醒悟，一波又一波的觀光浪潮開始從伊斯坦堡、湧向它地中海沿岸的歷史名鎮如特洛伊、布爾薩、貝爾加馬、伊茲迷爾和安塔利亞，甚至遠到中東部的卡帕多西亞。

伊斯坦堡主要是以拜占庭和鄂圖曼建築而聞名，不過其它帝國時期和各別民族特色的建築，如羅馬建築在城中仍然可見到它的痕跡。搭船沿著博斯普魯斯海岸到馬爾馬拉海交匯處，伊斯坦堡的全景，幾處著名的景點包括蘇丹艾哈邁德清真寺、聖索非亞教堂、托卡比皇宮及多爾瑪切宮，像一張畫映在眼前。筆者相隔十三年，兩次到土耳其遊歷，只是藉由幾個歷史的遺跡，就可以發現「歷史是一個美麗而蒼涼的手勢」，我們可以從歷史遺跡中，窺探到他們民族步履的蹣跚。

索非亞大教堂是拜占庭建築的代表作，建於六世紀，其穹頂直徑達六公尺，上面有金字大圓盤和聖母抱耶穌基督的馬賽克磁磚拼貼，原先為教堂，後為清真寺，現為博物館。蘇丹艾哈邁德清真寺（另稱藍色清真寺）及托卡比皇宮是鄂圖曼帝國最鼎盛時期的建築。藍色清真寺裡頭，紅藍綠等晶瑩剔透的鬱金香花色磁磚，深深吸引遊客仰首注目的讚美目光。具巴洛克風格及新古典主義風格的托卡比皇宮，其宏偉奢華，無不令人激賞。

另外，伊茲米爾（Izmir）的艾菲索（Ephesus）被列入旅遊人必訪的勝地，是地中海地區保存最完整的羅馬遺跡，它曾是座可以容納廿萬人的繁華港埠。在僅被挖掘出來十分之一的景觀中，就足以讓人感動到目瞪口呆，規模之大，設施之安善，即便是現在開發中的城市也無法與之評比。全城以石材建造，有寬廣石版

大街，街面下有下水道和供水系統，公共浴場附設共廁，還有圖書館、市集、神殿、商店、妓院，更有一座可以容納二萬五千人的圓形劇場，這裡的一切在在都足以反映當時實際生活的形態。

荷馬兩部有關希臘神話的史詩《伊利亞德》和《奧德賽》是西方文學奠基之作。故事都與土耳其特洛伊地區有關。前者描述特洛伊經過十年圍城，最後陷落的戰爭過程，後者則延續了《伊利亞德》的故事，描述主角在特洛伊淪陷後，在海上漂泊十年的返鄉過程。只因一位美女海倫，導致聲名赫赫的特洛伊戰爭，慘烈的程度，僅被擊沉的戰艦就超過二千艘，可見一斑。而奧德賽對於永恆的樂土沒有絲毫的眷戀，反而選擇回到必須戰鬥，才能安身立命的鄉土，悲壯程度，令人動容。兩部史詩生動的描述，足讓人迴腸盪氣，特洛伊已成為一處浪漫又富人文的旅遊勝地。

一路走過愛琴海海邊的幾個城市，如白加蒙、帕慕卡雷（俗稱棉堡）、阿芙洛迪西亞、孔亞、安塔利亞等諸多著名的古城，背景來歷皆赫赫有名，無法一一加以推介。在前往卡帕托亞三天三夜的旅途上，沿途有看不膩的風景和不同民族的風情。然而，一路的車上，我卻總是想起特洛伊港口那匹依「木馬屠城記」片中的仿製的大木馬，也老想起近代詩人愛倫坡那首〈To Helen〉當中、那幾句千古絕唱的淒美詩句：

　　你的美就像古希臘的風帆
　　駛進故國的港灣
　　你那風信子的柔髮　古典的臉龐
　　招我回鄉
　　回到古希臘的光榮和羅馬盛況

閱讀伊瓜蘇瀑布

不用花半輩子去深山尋瀑，世界最完美的瀑布就在腳跟前

（阿根廷與巴西交界）

在台灣，有些喜歡登山的朋友，花了半輩子常去深山尋瀑，但每每無功而返，不然就是掃興而歸。在台灣，想找個讓人驚喜感動的瀑布，幾乎不多見。因為台灣地形特殊，山上既沒有河流縱斷面的顯著陡坡或懸崖，更沒有傾瀉而下的豐沛水流。幾條主要河川都是淺碟型，平時流水很小，也難在河床上找到地勢的落差，所以台灣的瀑布，跟世界三大瀑布比較起來，只能說是一條小小的絲帶。

世界三大瀑布是位於美加邊界的尼加拉瓜瀑布、尚比亞與辛巴威邊界的維多利亞瀑布、和阿根廷與巴西邊界伊瓜蘇瀑布，這些瀑布應該稱呼為瀑布群。它們的落差從 70 幾公尺到 120 幾公尺不等，寬廣度從幾百公尺到二公里，每秒流速達一千立方米以上。瀑布形成的時間可追溯到百萬年前，甚至到億萬年前。論排序，尼加拉瓜瀑布的落差、寬度和氣勢稍為遜色，因此有人說，維多利亞瀑布應居首位，但筆者認為伊瓜蘇瀑布別有它的趣味和絕妙風采。

雖說，維多利亞瀑布 128 公尺的落差，比起伊瓜蘇瀑布高出很多，但寬廣度及縱深長度，還是伊瓜蘇瀑布略勝一籌。所謂「縱深長度」是指遊客可以涉入的遊覽範圍。維多利亞瀑布視覺上震撼效果和壯觀景色，可以媲美伊瓜蘇瀑布，但後者設有棧道讓遊客長驅直入，除了視覺效果外，還能感受到臨場所帶來的震憾。巴西政府投入大量資金，建造深入谷區共 20 公里長的棧道，讓

旅客不再用半輩子去深山尋瀑，瀑布就在你的腳跟前。

伊瓜蘇瀑布橫跨巴西和阿根廷的邊界，離巴拉圭邊界也不遠。它有 275 條大大小小的瀑布群，最大落差有 72 公尺，寬廣有二公里，縱深達 1500 公尺。由於想要好好閱讀這個全世界最完美的瀑布，我們一行人不惜重資，選擇住在巴西伊瓜蘇國家公園內的 Hotel dad Catarratas。飯店的建築帶有葡萄牙的殖民時代的風格，充滿幽趣。面向瀑布區的房間可以鳥瞰整個瀑布區，飯店旁有座鐘塔，黃昏時分，可登上欣賞夕陽。

阿根廷瀑布區屬上游，有棧道直通主場「魔鬼咽喉」的邊，瀑布形狀像馬蹄，而且深不見底。沿途可以見到廣闊的岩石河床，有許多魚群穿梭其間，往下直視，流速每秒 1500 立方米的水勢直墜入無底深淵，景象撼人心弦。巴西瀑布區屬下游，木棧道架設在水域上，可以往上往下走，可以欣賞到大小瀑布群像千軍萬

馬奔騰，所發出陣陣的吼叫，湍急的水流疾湧而下，而且不時可以看見彩虹。這兩條算是主要幹道，瀰漫沁涼水花，傾注的水壓有很強的吸磁作用，讓那些熱衷臨場感的旅客多一些驚喜。

　　整個伊瓜蘇瀑布群綿延二公里，周圍是一片蓊鬱的雨林，大部分瀑布都位於阿根廷境內，但大部分美麗景色則在巴西這邊。瀑布區就像一處野生動物園，園區內三不五時可以看到「小心豹和蛇出沒」的警示牌，但是許多人還是會利用清晨和夜晚自由活動，作趟生態之旅。夜遊瀑布區，瀑布傾瀉的水聲比白天來得大些，在皎潔月光下，欣賞瀑布激起飛揚的水霧，這是世界上僅有的一種難得的體驗。它是老少咸宜的旅途勝地。

　　古人把行萬里路視為是一勇敢的人生宣言，基本上，現代的旅人沒有那麼偉大，他們甚至不把旅遊當作是種寓教於樂的活動、現代人品嚐人生的況味。瀑布是上帝的傑作、大自然界的鬼斧神工、這種體驗可以是小朋友的遊戲，可以是青壯年冒險和探索，也可以是老人家歷盡滄桑後的頓悟。都已經八十歲了，旅遊對筆者而言，很快就會成為一種力不從心的奢望，人活著要能把握當下。如果，我知道哪一天將是我的人生旅遊的終站，我會選擇再一次去伊瓜蘇瀑布，去那裡面對喧鬧，卻能保持心情的平靜，細細品味不同季節、從自然季節到人生季節、詩意般的人生滋味。人生不就像瀑布所揚起水霧中的小小水珠，一陣轟轟烈烈的翻騰過後，瞬間就會滑落到谷底，再也見不到任何蹤影的嗎？

啟迪人性的曼谷金佛寺

人的內心本有一尊金佛，祂就是人純真的本性

（泰國／曼谷）

　　泰國位於中南半島的心臟地帶，是一個篤信佛教的國家。由於距離臺灣不算遠，旅費相對便宜，有豐富的宗教和人文風情，和適合國人味蕾、色香味俱全的泰國菜餚，加上首都曼谷又是一座滿溢古典氣息兼具現代風情的大都會，泰國似乎成為國人第一次出國遠遊的首選，而曼谷市內的幾個著名景點，像大王宮、四面佛、五世皇柚木行宮、特別是被視為泰國三大國寶的玉佛寺、臥佛寺都是必遊的經典勝地。

　　國際知名旅遊作家兼攝影家史蒂夫・戴維在收錄他心目中最難忘記、此生不可錯過的 40 個地方的書裡頭，曼谷的玉佛寺便是其中的一個。又廿年前，在美國印製出版數百萬份《心靈雞湯》（Chicken Soup for the Soul）第一系列 101 篇故事的書上，也有篇介紹曼谷金佛寺的故事，作者 Jack Canfield 教授言簡意賅地闡述這座寺廟遷徙的傳奇，以及他參觀後對人性的深刻體悟，也很值得推介給遊客參考。

　　玉佛寺（Wat Phra Kaeo）位於曼谷中央東北角，是大皇宮的一部份。它是泰國佛教最神聖的地方，似乎可以說是泰國的守護寺和護國寺。

寺內供奉一尊玉佛，整座寺廟看起來簇新耀眼，不像經歷過幾世代的古蹟。其實它的歷史可以回溯到二百多年前（西元 1792 年），閃閃發亮的鍍金的佛塔，不時香煙裊裊的神龕，還有裝飾得非常鮮麗的廟頂瓦磚，及周邊沖天飛簷的金色建築，把整座寺廟營造成像座奇幻的宮殿。

整個廟宇的主體建築就是蓋在大理石台座上的大雄寶殿，兩旁還矗立著兩尊即高又威武的石雕神像。玉佛像是由翡翠打造而成，高有 75 公分，供奉在大雄寶殿的一座高台上，高台旁邊另有展翅的聖鳥雕像隨侍在旁，四周還有其它佛像。寶殿內從地板到天花板，上面畫滿了精彩的壁畫，描繪著佛陀的生平和教誨。廟宇外另有其它佛塔和金碧輝煌的神殿和閣樓，一派靜謐莊嚴的氛圍，是座很能陶冶人們心靈的聖地。

金佛寺（Wat Taimit）又稱黃金佛寺，位於曼谷火車總站西南面熱鬧的唐人街一帶。它的廟前仍然是泰國廟寺一貫的金碧輝煌。細緻的雕花、高聳尖塔的設計，在車水馬龍的華人聚集市區中，獨顯光彩。寺廟內主殿的基座，安座一尊目前全世界最大的純黃金的佛像，高約三公尺，重量超過二噸半，價值達二億美元以上。為了襯托出金佛的莊嚴和輝煌，殿內四周廟牆、天花板盡是金箔畫作、雕刻和拼貼，十分耀眼動人。

雖然金佛寺華麗的造型無法與玉佛寺或臥佛寺相比，但相較於每座寺廟的美麗傳說，金佛寺自 700 年前完成組裝後，歷經戰亂，幾次的遷徙，故事卻是更傳奇、更奇妙、更引人入勝。據考究推斷，為避緬甸軍隊入侵，保護金佛不受戰火波及，當時的信徒把金佛塗滿水泥，使它變成為一尊不起眼的灰色泥菩薩，這尊佛像從此湮沒在人間長達數百年。直到後來，這尊泥菩薩出現，由三位華僑信徒集資把祂恭迎到曼谷。搬運中，不慎造成佛像表面出現裂痕。曼谷捷運興建時，在另一次遷徙中的雨夜，由裂縫透射出耀眼光芒，經有關僧侶決議退除佛像外裹的泥塊以了解真相，金佛從此重見天日，也成為信徒津津樂道的傳奇。

　　Jack Canfield 教授在飛回美國的班機上，有感而發的認為，我們人類在生長過程中，因恐懼常製造了一層自我防衛的外殼，就像包裹在金佛外面那層堅硬的泥塊。其實，我們每個人心中本有一尊金佛，祂是人純真的本性。這尊金佛也許是佛陀、也許是基督、也許是阿拉或其它信仰的神祇。就因為我們在成長的過程中，被世俗塵埃蒙蔽而失去我們原有的純真本性、或說純真的自我。我們都應該學習那些拿起鐵鎚還原金佛的原貌的僧侶一樣，重新尋回在我們內心中的那尊金佛。

泰姬瑪哈陵是一滴愛的永恆淚珠

讓死的有不朽的名，但活的要有不朽的愛

（印度／阿格拉）

　　像中國大陸一樣，印度也是一個幅員廣大、人口稠密、非單一民族及文化的國家。多元的文化、神秘的宗教信仰、不對等的種性制度，加上多樣化的地理環境，想要遊歷並稍微了解這樣的國度，即使是跑上一、二十趟，也如身處霧中，根本看不清它真正的模樣。然而不用懷疑，像萬里長城之於中國，泰姬瑪哈陵之於印度，已成為人類集體意識的一部份。

　　我首次到印度旅遊的動念，便是渴望一睹泰姬瑪哈陵的風采。泰姬瑪哈陵建於 1632 年，融合了印度、波斯和伊斯蘭風格，是印度蒙兀兒王朝第五位君王沙賈汗為了他的第三位愛妻姬蔓・芭奴（Mumtaz Mahal）所建的純大理石陵墓。他們兩人結婚十九年，非常恩愛，形影不離，皇后不僅陪伴丈夫南征北討，還幫他生了十四個孩子，但非常不幸，在她最後一次生產時，因難產而去世。臨終前，她要求沙賈汗為她蓋一座世界最美麗的陵墓，並終身不續弦，國王不但答應了她，而且全部履行諾言。

　　泰姬瑪哈陵的建材及寶石來自印度各地及亞洲，共用 25 種的寶石和半寶石，鑲嵌入白色的大理石上面，這些寶石含綠松石、青金石、水晶、翡翠、碧玉、紅藍寶石、珊瑚和黃金白銀。高 250 英尺，佔地約 17 萬平方公尺，南北長 580 公尺，寬 305 公尺，有前廳、正門、蒙兀爾花園、陵墓和清真寺。花園中間是大理石水池，兩旁種植成列柏樹。陵寢四個角落都有高達 40 公尺、向外傾斜 12 度的高塔，以及 33 公尺高的拱門，陵前水池映現主

建築的倒影。精緻又宏偉的建築堪稱是印度穆斯林藝術和蒙兀爾建築的珍寶。

然而沙賈汗大肆耗費民脂民膏的結果，不但引起全國百姓反彈，連同自己的兒子也謀反篡位，就在這座陵墓建後的第四年，他終身被囚禁在阿格拉堡裡（1983 年被列入世界文化遺產）。透過囚牢的八角窗，沙賈汗遙望對岸他愛妻的陵墓，幾乎是每日，迎著清晨的陽光，看它從朦朧的藍，轉變成粉紅、淡金、橙黃、或更多奇妙的多彩，最後融合成像純純的愛那麼潔淨的乳白。在被囚禁八年後，沙賈汗終抑鬱而終，留給後人一段感人的浪漫情史。

印度詩聖泰戈爾曾形容這座鐫刻著情人綿綿情話的泰姬瑪哈陵是一滴永恆愛的淚珠，他在他的《愛貽集》詩裡，讚揚「沙賈汗，寧願喪失皇權，卻只希望一滴愛的淚珠，永恆不滅。」他認為人世間最珍貴的事物，莫過於「讓死的有不朽的名，但活的要有不朽的愛」。許多人千里迢迢來到北印的阿格拉，無不是為著這座曠世的奇景，那段激盪人心的純純的愛而來，而且就近去囚禁沙賈汗的阿格拉堡，低迴一段永垂不朽的愛。

阿格拉是蒙兀兒王朝的古都，建於十六世紀初，是一座紅砂石建築的城，故又稱阿格拉堡。距泰姬瑪哈陵西北 2.5 公里處，城牆高約 21 公尺，圍繞著長達 2.5 公里的護城河，非常雄偉壯觀，城堡內中央地方是古代皇宮的所在。有人以為，阿格拉因挾泰姬陵的盛名，才成為北印旅遊的重鎮，事實上，阿格拉堡囚禁沙賈汗的八角亭，為旅客開啟另一面探索的世界。

日前，據英國《每日郵報》報導，名列世界七大奇景的印度泰姬瑪哈陵因受到當地嚴重空氣污染的影響，原本白色的大理石

變成骯髒不堪的黃褐色，引起當地政府嚴重關切。見怪不怪，空污已經是世界的問題，全球環境的顏色在變，人類的愛情色調也在變。人類的貪婪和卸責一旦蔚成風氣，對待事物猶如對待那些用了即丟的廉價塑化用品，不單是環境受到嚴重污染，連人類的心靈和對待感情的態度，都已瀕臨萬劫不復的地步。人類純真的價值觀一旦淪喪，追求真愛將會是一場遙不可及的夢。

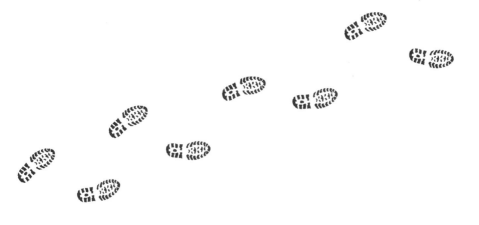

千座千面千手觀音佛像 —— 三十三間堂

神格藝術化、藝術神格化的標竿

（日本 / 京都）

　　京都是日本千年古都，悠久的歷史積澱使它擁有相當豐富的歷史遺跡，是日本傳統文化的重鎮之一。它的文化財特別多，單只以「古都京都文化財」名義被選為世界文化遺產的古蹟就有十四處，這些建築各有特別風格，其中除二條城外均為寺廟或神社。每年固定舉辦的傳統民俗活動，諸如葵祭、祇園祭和時代祭（合稱京都三大祭），是京都另類的風景，因有了這些因素，每年到京都旅遊觀光客超過五千萬人次。基於時間和旅費成本的考量，台灣一般有關京都旅遊的套裝行程多半只安排幾個較有名氣的景點，諸如清水寺、二條城、祇園、金閣寺、伏見稻荷大社，其它像銀閣寺、哲學之道、醍醐寺或三十三間堂可能都沒給排上。內人和我在參加幾趟套裝行程以後，才開始跟隨著女兒的腳步，來趟「京阪神」賞櫻的自由行。在京都我們搭市營巴士當交通工具，非常實惠和方便，因緣際會，使我們有幸去三十三間堂參拜。

　　三十三間堂正式的名稱叫做「蓮華王院本堂」，建於 1164 年，約在 80 年後燒毀，西元 1266 年才重建完成。搭乘 RAKU BUS 100 公車，在國立博物館站下車，步行一分鐘就可到達。它是座木造的建築，主殿長 120 公尺，是世界最長的木建築。正殿由三十三立柱隔成三十三個空間，「三十三間堂」的通稱由此而來。平凡樸實的外觀，乍看一點也不起眼，但廟埕的景象古典幽雅，因當時櫻花正盛開，每個角落的樓台、池塘、庭園，都顯出萬種風情，倒是讓人目不暇給。

或許是事先沒有作功課，一踏進廟內，排滿 1001 尊佛像的壯觀場景震撼得每個訪客目瞪口呆。佛像群的座排以一尊觀音菩薩的坐像為中心，是雕刻家湛慶的作品，他在八十二歲高齡完成此作品，以檜木為材料，有十一張臉，眼鑲水晶、雕工細膩。同人一般比例的千座千手觀音佛像群（每尊由 40 隻手持 25 種法器代表千手及無限無量），以五十列排開，每列前後各十排。雕像覆滿金箔，法相慈悲，姿態神韻各異。

　　在主座左右兩側除了各有五百尊觀音立像外，另有左右護法雷神和風神，還有 28 尊部眾護法神。據說，這些佛像都是當時全國名師費十七年合力完成的，全部堪稱日本鎌倉時代最珍貴的藝術品。參訪中，有位素昧平生年輕的外國女教授，竟貼近我的身旁，輕聲細語告訴我說，能夠看到這麼多精雕細琢的佛像共聚一堂，莊嚴壯觀的場面、令人敬畏的氛圍，使得她感動到快掉下眼淚來。這座國寶級的寺廟是一處常被旅人忽略和旅行社低估的勝地。

　　一刀一鑿完成一千零一尊觀音佛像已經算是奇蹟，經歷七百年以後，三十三間堂木雕的千尊佛像還能被保養維護那麼完美，也算是另種神蹟。不用特別強調所謂「觀音菩薩變為三十三面相拯救眾生」的神話，單僅這些佛像所展現出的美的氣度、美的神貌、和美的情景就令人印象深刻，三十三間堂簡直是舉世無雙、非常獨特的寺廟。在參拜時可以感受到一股神秘的磁場，它會帶來能量。有人認為它是藝術木雕精品的博物館，它匯集日本雕刻藝術史黃金時期的精雕佛像，不管參訪者是不是佛教的信徒，踏進廟內那剎那，一種迫人的氣場，都讓參觀者自然地變得鴉雀無聲。在這裡，你能體悟神像和藝術已然成為一體，而三十三間堂就是神格藝術化、藝術神格化的標竿，到京都旅遊，千萬不可錯過。

美國最熱門的國家公園 —— 大峽谷

真正的偉大在千載如一的自然生態中

（美國／亞利桑納州）

　　到美國旅遊，黃石國家公園和大峽谷國家公園似乎是必遊的勝地。它們的面積動輒就上千近萬平方公里，比我們台灣的玉山國家公園大上五倍至十倍，幅員之大簡直讓小島國的國民無法想像。而且，那麼一大片廣闊又優美的自然景觀，很能滿足各方旅人在精神、教育、文化和娛樂等方面的需求和滿足，這就是為什麼許多旅人老喜歡往各國國家公園跑，樂此不疲的主要原因。

　　國家公園是一種為保留自然而劃定的區域，通常由政府所擁有、負責和管理，目的是保護該地區不受人類發展和污染的傷害，嚴格說它們就是自然保護區。成立國家公園的概念以美國為濫觴，黃石公園就是美國政府於1872年所創立的世界第一座國家公園，「國家公園」這個專有名詞自此之後被世界各國相繼沿用。

　　每個國家公園創立的訴求不一，黃石公園著重在生態系統和地熱資源方面，園區內有紀錄的哺乳動物、鳥類、魚類和爬行動物有數百種之多，廣大的森林和草原中同樣存有多種獨特植物，再加上聞名遐邇的老忠泉這類地熱資源。而大峽谷國家公園較偏向地質、地貌、生

態、化石及人文歷史方面，比較不適合一般悠閒度假和觀光。然而，大峽谷特殊的地理景觀具有一種讓人一望眼便終身難忘的特色，也難怪它在美國熱門國家公園，名列榜首，每年到訪的旅客上看四百萬人次，超過黃石公園一倍之多。

　　大峽谷國家公園位於美國亞利桑納州西北角，深達 1500 公尺，由科羅拉多河耗費幾萬年所切割出來大峽谷，聞名於世。東西走向，長 349 公里，寬 6 到 25 公里不等，總面積近五千平方公里。峽谷範圍太大分南北緣，北緣交通不便，只有夏天開放，所以一般旅客都朝著南緣走。我們第一趟是搭飛機到鳳凰城機場，再搭車 4 小時去的。第二趟是由洛杉磯，經賭城拉斯維加斯、胡佛水庫，然後上 40 公路一路往東，再接 Arizona highway 64 往北前往。

　　想用一、二天沉浸在大峽谷自然生態中，選擇搭園區的接駁車是最方便實惠的選擇。大峽谷最深、最壯麗的一段就是在這條路徑上，設有步道系統及生態地質的教育研究系統。倘若時間受限制，不妨選在 Hopi Point 、Prima Point 、Yaki Point 和 Yavapi Point 等幾個角度最佳的眺望點，選個適當的崖邊坐下，不做什麼，只呆呆放眼望去，欣賞峽谷內不同時段多采光影在山脊間的追逐、岩巖因陽光折射出來那變化多端的繽紛色彩，以及崖壁上投下長長的、迴旋狀陰影。

　　乘坐園區的巴士最好能坐到最後一站，一路可以沉浸在大自然生態中。雖然沿途所見的科羅拉多河，似乎平靜得只像條藍色絲帶，蜿蜒流蕩在群山間，也看不到谷底的瀑布、激流、沙灘和小型峽谷，但是只有到最後一站，你才可以清楚俯視科羅拉多河所呈現的澎湃洶湧的景象。沿著峽谷邊緣走一小段健行路線，或

租騎驢子走入風景之中，也許有機會碰到印第安原住民騎駿馬，與你擦身而過。不然，就待到夜幕低垂的時候，等著跟滿天的星斗對晤。

　　大峽谷是由科羅拉多河經歷萬年以上的歲月，所斧鑿雕琢出來變化多端、豐富至極、層層疊疊、無邊無際的山脊景觀，而且它谷底的岩石便是地球上最古老的岩石。它那種既單純又複雜的萬古冷漠，給予人沁入心靈的震撼，無法用言語形容，勉強地說，只有「念天地之悠悠 ，獨愴然而涕下」那種心境差可比擬。相較於其他國家公園，除自然景觀、生態環境、以及休閒娛樂以外，給予旅人更多更深的人生體悟。原來，真正的偉大在於千載如一的自然生態中，它不用任何的矯飾和虛掩。

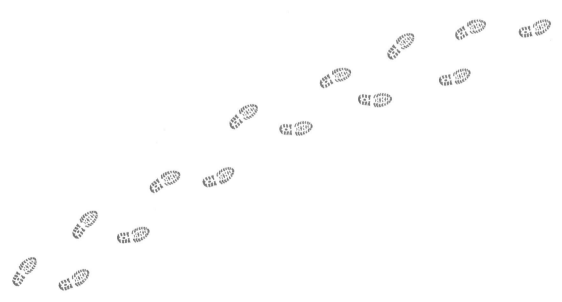

中亞絲綢之路旅情

濃郁的絲路情結

（中亞絲路 / 烏茲別克、哈薩克、塔吉克及吉爾吉斯）

　　中國作家余秋雨的《文化苦旅》剛發行海外繁體字版不久，即風行了全世界的華人市場。由於書中幾個篇章，談到有關中國古絲綢之路，諸如〈莫高窟〉、〈沙原隱泉〉及〈陽關雪〉等話題，而且篇篇引人入勝，許多海外讀者深受其影響，一時興起探遊中國絲路的風潮，內人和我就是在那時候跟著趕上那場盛會的。

　　那已經是西元 1998 以前的往事了，記得那一趟我們是從中國西安起程的。循古絲綢之路，由蘭州、敦煌、吐魯番、喀什，探訪莫高窟、麥積山、嘉裕關、月牙泉等許多名勝古蹟。那一趟走下來，特別感到震撼，感受也特別深。誠如余秋雨先生所言，看了那些古蹟、古文物，就像「看莫高窟，不是看死了一千年的標本，而是看活了一千年的生命。」應該是受中國古詩詞的影響，在月牙泉畔的沙丘騎駱駝，夕陽的餘暉把我騎在駱駝背上的身影，映現在沙丘上，那時候，我整片的腦海彷彿聽到一、二千年前的馬蹄和駝鈴，也彷彿可以眺望到早已遠去的婆娑背影。從此以後，在我內心深處就埋下了濃郁的絲綢之路的情結，經常有一股隨時都準備動身再走一趟的衝動。

　　所謂絲綢之路係對連接中國與西方絲綢交通網的命名。它有水陸之分，而陸地絲綢之路由西安出發，不論經烏魯木齊或喀什，一路到中亞地區，如烏茲別克、土庫曼、哈薩克、塔吉克及吉爾吉斯等國家，都會在其中某些地點交會，然後才進入土耳其伊斯坦堡或歐洲其它地區。在那個非常遙遠的年代，這兩條路徑是悽

楚悲愴和危機四伏的不歸路。例如絲綢南路一出內地關口陽關，即進入樓南古國（今羅布泊），可能一輩子就再沒見面的機會了。

對於一位有濃郁情結的旅人而言，拜人類文明的進步及交通的便捷之賜，走完中國絲綢之路，再繼續往前走完中亞古絲綢之路，已經是一生當中無法避開的選擇。像探訪中國古絲綢之路一樣，「悲歡聚散一杯酒，東西南北萬里程」的陽關悲涼已不再，在中亞絲綢之路上，早已不見婆娑，多的是清真寺的塔尖。不過整個旅程顛覆了過去東西方世界的印象，不同景觀、古蹟、古城堡、清真寺、風俗、友善民情和飲食文化，一路體驗往昔商旅和僧人在這漫漫長路的艱辛，依然令人感到驚奇和感動。

這趟旅程我們從中亞大門、烏茲別克首府的塔什干進入中亞絲綢之路。烏茲別克人口和台灣差不多，但面積大很多。因土庫曼不給簽證，所以在烏茲別克境內多安插幾處的據點，我們所探訪的分別是烏爾根奇（Urgench）、基瓦（Khiva）、浩罕（Kokand）、費爾干納（Fergana）、布哈拉和撒馬爾罕（Samarkand），幾乎都是千年古城，幾乎都是古絲綢之路之重要據點。這些古城相隔有些何止千里，路程車舟之苦，可以想像，然而它們就像露天的博物館，足讓旅人領受到烏茲別克人的祖先在建築與手工藝的偉大成就，它們不僅影響阿富汗，甚至於影響到 16 世紀印度蒙兀兒帝國晚期建築。

由撒馬爾干向南行 406 公里，經烏茲別克最南邊城市－塔梅茲（古時候走絲綢之路商旅或僧侶落腳掛單的中途站），花了十五、六小時才穿越烏茲別克與塔吉克邊境，到達塔吉克首府杜尚比（古絲綢之路必經之地，所以人種和各種宗教雜陳）。塔吉克是山中小國，處於帕米爾高原之間，九零年代曾發生劇烈的內

戰，目前杜尚比發展神速，市區規劃良好，
到處有噴泉，街樹綠意盎然，它儼然成為一
個綠色、工業化、充滿希望的都市。塔吉克
第二大都市占棧市是古時候亞歷山大大帝所
建中亞最遠的城市，中亞地區兩條母親河阿
姆河及錫爾河橫穿過古棧市，把城分成左岸
舊城和右岸新城，從天山流下的水流非常充
沛，充滿生機，從這可以看見塔吉克的鮮活
美好未來。

中亞絲綢之路旅情　161

哈薩克有台灣七十五倍大，面積等同整個歐洲。第一大都市阿拉木圖是蘇聯統治時期所建設的現代西化城市。三面被覆蓋皚皚白雪的天山山脈環繞著，棋盤式交通網和高聳的街，還有各種文化建設及公園，是一個風光獨特的旅遊城市，建於 19 世紀的基督升天教堂以及美侖美奐的潘菲洛夫公園是它的賣點。吉爾吉斯為中亞最小的國家，依著天山山脈，領土有四分之三在海拔 1500 米以上，有如詩如畫的遊牧風景，是一個充滿傳奇與小白花的人間仙境，素有「中亞瑞士」之稱。它就是中國漢朝西域大宛國及唐朝的西突厥汗國。大宛自古以出產汗血寶馬聞名於世。首都比許肯特是年輕都市，俄國風很重，東正教洋蔥型塔尖佈滿大街小巷的天際，街上俄國人比吉爾吉斯人多，在它清新市容增添另一種趣味。

　　人類歷史的推展演進根本不會去理會人的存亡和朝代的更迭，任憑物換星移，千年的古塔每天依舊默默陪著古城從早晨迎向黃昏。古時候那些行走在絲綢之路的商人、僧人、軍人和詩人，憑藉著超乎常人的意志、毅力和體能，跋涉千山萬水，穿越無數的生命絕境，他們開拓東西世界連接的行為，對人類文明的貢獻是何等驚天動地的成就。我們這群有絲綢之路情結的旅人，走完中亞絲綢之路的行程，雖然車輪滾滾，也只是在追摹前人那些冒著生命威脅的腳步罷了。

帖木兒大帝陵寢巡禮
帝國是歷史的常態？
（烏茲別克 / 撒馬爾罕）

　　記憶當中，古今中外堪稱一代梟雄或「世界征服者」的並沒幾個，在西方記得有亞歷山大帝，在東方也只限於成吉斯汗和帖木兒。不過，帖木兒是歷史上最後一位「世界征服者」卻被我給牢牢記得。他的強大軍隊，南征北討、燒殺掠奪，征討範圍西達地中海濱，東抵中國邊境，其勢力範圍幾可跟成吉思汗媲美。然而，自 1405 年他去世以後，一個歷史時代不但終結了，一統天下的帝國至今再也不復見了。

　　帖木兒於西元 1336 年生於烏茲別克撒馬爾罕以南的碣石（今沙赫里夏勃茲）。其祖父做過蒙古察合台的大臣，父親為突厥巴魯拉思部首領。帖木兒承續官位，還用盡心機和謀略，大玩忠於察合台家族這張王牌。他自稱是成吉思汗家族後裔，完全是政治上的考量。其實，帖木兒是突厥人，由於自古以來深受波斯文化影響，更由於同信仰伊斯蘭教，又接受了臨近波斯帝國的諸多文化，所以在文化意識上是偏向於波斯，更何況帖木兒本人征服了波斯，建立了帖木兒帝國。

西元 1404 年 11 月 27 日帖木兒率領百萬鐵騎進攻中國明朝，結果三個月後在進軍途中病死，終結了他輝煌的征戰歷史。英國作家約翰‧達爾文在其著作「後帖木兒時代」裡，以一個全新的角度來查看我們全球的過去，其所寓意的乃是指現在美國帝國所面臨的困境，英帝國來了又走了，納粹帝國幾乎立刻就垮台了。帝國的興起、衰落和持續、以及它們衰亡的因素，一直是世界歷史中最迷人的難題。到底帝國究竟是個人的野心霸業，還是歷史的常態？

　　帖木兒死後埋葬在撒馬爾罕。撒馬爾罕像塔什干一樣古老，也是古絲綢之路的重鎮之一，古時候素有「東方羅馬」、「絲路珍珠」之稱。當時印度商旅北上與前往波斯和大食的商旅會在此會合，四方商賈雲集，是國際性貿易大城。玄奘來過、馬可波羅經過，成吉思汗鐵騎輾過，然而在它繁多中古世紀建築群裡頭，有許多跟帖木兒王朝有關。雖然歷經多方勢力廝殺爭奪，烽火連連，所遺留下來的沙赫靜達陵墓群和古爾‧艾米爾陵墓竟奇蹟式保留良好。

　　沙赫靜達（不死之王）陵墓群建於 14 至 15 世紀之間，這裡是中亞地區穆斯林朝聖的聖地，據說無法到麥加朝聖的教徒一生只要來三次就可以抵過。進入大門，依山坡逐級而上，可以發現建築基調為青色，以彩色陶瓷貼面作為裝飾，其中最主要的是一座伊斯坦布斯蘭教創建人穆罕默德堂弟庫薩姆之墓，而帖木兒妻子圖瑪‧阿卡和侄女圖爾坎‧阿卡也葬在這裡；古爾‧艾米爾陵墓是帖木兒及其後嗣的陵墓，建於 15 世紀。陵墓造型壯觀，色彩鮮艷，有球錐形大圓頂，具有濃厚東方建築特色，是世界著名中亞建築瑰寶。陵墓的靈堂中，放有九個象徵性的石棺槨，真正

躺放遺體的棺槨深埋在地下。陵墓中主要安葬著帖木兒及他的兩個兒子和兩個孫子。當中最引人注目的是帖木兒之孫兀魯伯為其祖父建造的墨綠色玉石棺，上面寫著：「誰掘我的墓，誰就遭殃。」

　　站在一代梟雄帖木兒墓前，向這位戰功彪炳帝王致最敬禮。筆者認為凡能創造人類歷史或改寫人類歷史的人物都是偉大的英雄。所謂帝國的霸業其實是歷史的必然，沒有必要去妄談他們的功過。帖木兒當為人類最後一個帝國的締造者，顯現其驚人的智慧和傲人的能量，單憑這一點，就足讓人由衷景仰。此趟中亞絲綢之路之旅，能有機會在這位心目中英雄墓前，遙想他的「豐功偉業」也算是不虛此行了。「羌笛何須怨楊柳，春風不度玉門關」的景象已不見，來自世界各地的觀光客像春風一般，一陣一陣吹向這條古絲綢之路，塞外盡處，絲路古道已經不再是日落風蕭的蒼涼大漠了。

李白的故鄉

何處才是咱心靈的故鄉？

（吉爾吉斯／碎葉城）

　　選擇走中亞絲綢之路是要整合過去已走過的路段，由中國境內絲路連接帕米爾高原另一邊，經中亞過波斯到歐洲。此趟，我們已走過了烏茲別克、塔吉克、哈薩克、來到吉爾吉斯的首府比許肯特（Bishkek）。再往東走就是當年玄奘走過的路徑，玄奘走過塔克瑪干沙漠，翻越海拔近七千米的天山山脈，再步行千里，經過伊塞克湖，才抵達碎葉城，即今日的阿克別希姆遺址。

　　碎葉城是中國唐代在西域所設的重鎮，也是中國歷代以來在西域設防最遠的一座邊陲城市。碎葉、龜茲、疏勒和于闐並稱為唐代「安西四鎮」，考古學家在此廢墟中揀到漢文碑銘和四枚唐代錢幣，上面還刻著「開元通寶」和「大曆通寶」字樣，可見以上記載屬實。郭沫若考證唐代大詩人李白出生在碎葉城內一個富商的家庭，一直長到五歲才離開，換句話說，他判斷李白不是中國人，李白的父親應該是突厥人，母親是吉爾吉斯人。其實有關李白的身世和出生地，至今仍撲朔迷離，是千古謎題，單歷史學家和研究李白學者整合各種資料，所得結論就有五種可能。

　　不過只要有可能，就有很大的想像空間，就足以使旅人神往，而且一般旅遊者總是習慣於讓自己卑微的身份跟偉大人物們作某種牽連，而假惺惺地表示要了解一下什麼樣的靈山聖水才蘊育了這麼偉大的詩人。因此特別由旅行社安排去參訪古突厥人村落和「李白的故鄉」碎葉遺跡。現在的碎葉城古址只剩一片凹凸不平的土塚和坑洞，即使是唐朝軍隊修築的 26 公里長的斷桓殘壁，也見不到任何模樣，只有後面的皚皚天山山脈像當地人一樣，以

一種迷惑不解眼光，笑看這些三不五時到來的華人，呆頭呆腦一直拉著一位他們不知悉、聽也沒聽過的詩人做精神上的神會。

李白是中國唐代大詩人，詩作洋洋灑灑非常豐盛，詩文想像豐富、浪漫奔放、意境獨特、才華洋溢、句句如行雲流水，自然天成，脫口而出，幾乎無籟。他的詩篇被傳誦千年，眾多的詩句也成為華人文學的經典，倒如「抽刀斷水水更流，舉杯消愁愁更愁」。探索李白的身世和探討他是不是一位「酒精成癮者」一樣徒然，他已完成他做為一位偉大詩人的任務，除此之外，世俗的族譜、名銜根本無損於他詩壇的成就，也根本動搖不了他「詩仙」的地位。

古今中外的詩人僅憑一首小詩竟能為家喻戶曉、婦孺皆知的能有幾個？他那首與故鄉相關的小詩〈靜夜思〉：「床前明月光，疑是地上霜。舉頭望明月，低頭思故鄉。」在華人世界，即便是三、五歲小孩，不能琅琅上口又有幾許？而李白所指故鄉是不是天山山脈下的碎葉城並不重要，詩人心靈上最掛念的也許是一個童年故事、一段刻骨銘心的隱密、一方日思夜夢的土地、一個念念不忘的港灣、或者是一絲深情款款的情意呢？

有人說「故鄉是祖先流浪的終點」，有人說「故鄉是我們永遠找不到的人生終站」，身為終生漂泊的旅人永遠都是在尋找回家的路。倘若有一天，有人看到我再拎著行囊準備遠行，聽我說我又要去找回家的路，就請不要見怪。當夜在伊塞克湖湖畔的旅邸，想起李白的那首〈靜夜思〉，我自不量力，試寫了這首「在異鄉的中秋夜暝」小詩，以記念踏上李白故鄉所激發出來的濃稠思鄉的詩情。

有一年的中秋夜
我塔乘的小巴還奔馳在中國大戈壁路上
明月孤寂地照亮著蒼茫沙原
茫然中，我喃喃自問我的鄉關何處

有一年的中秋夜
我在俄羅斯西伯利亞的 Niztargil 小鎮裡
明月孤零地映照著無際的雪地
疲困中，我想起病榻中白髮的親娘

有一年的中秋夜
我在尼泊爾奇旺國家公園簡陋的帳蓬內
明月高掛在喜馬拉雅山山頭
寂寞中，我想起家裡望君早歸的牽手

有一年的中秋夜
我偕牽手在愛琴海駛往庫莎達西的海上
明月映照在那片柔情的水域
愉悅中，我想起經歷酸甜苦辣的人生

今年的中秋夜暝
家后伴我在吉爾吉斯李白的故鄉古城下
明月懸掛在古城頹廢城牆上
感懷中，我想起詩人濃稠思鄉的詩情

西敏寺的詩人角落

重溫一部濃縮的英國歷史和文學史

（英國 / 倫敦）

　　只要能夠不停地遊蕩，不管是去天邊抑或是海角，不僅是我的夢，也是我一生所追求的全部。為著不影響十口之家某種水平的生活，直至目前，我仍舊過著朝八暮五的職場生涯，然而，當工作又幫我貯備了某些餘糧，我又背起了行囊做另一次的出走。美好的生活必須揉合了新奇和眷念，我和內人已第四趟踏上了這個混搭著古典與現代、都會與城鄉，洋溢著無限魅力的國度。

　　上一趟，我們順著時鐘方向由倫敦、威爾斯、南北愛爾蘭到蘇克蘭，而這一趟因又要趕赴冰島，僅從蘇克蘭的愛丁堡南下威爾斯到倫敦，然後轉飛雷克雅維克。不過，這趟有幾個沒到過的重要行程如牛津大學校區、彼得兔故鄉，和久違的西敏寺。西敏寺是我在倫敦旅遊的最愛，它可以說是一部濃縮的英國歷史，有四十位英國國王加冕儀式都是在這裡舉行。它也是大多數英國君王，以及三千多位在英國歷史上舉足輕重的精英最後安息地。由於有這些新奇和充滿眷念的安排，讓我一路滿懷期待。

　　大兒子在倫敦的客戶 Jim Morgen 曾親送一本介紹英國「High Land」圖文並茂的書，書中將蘇

格蘭北部「高地」壯闊的自然景觀、豐富的生態環境與迥異的民族生活，有非常精闢引人入勝的描述，雖然這趟又來到愛丁堡，仍然與嚮往已久的「傳說有水怪出沒」的尼斯湖失之交臂，能不沒遺憾？一個旅人在所謂人類文明的遺產中徘徊太久，總是渴望能有機會馳騁在那保持著原始風貌、更能貼近生命的原野。

　　一路走下來，發現蘇格蘭的獨特民族性和愛丁堡古城千萬風情依舊。蘇格蘭與英格蘭交界的「湖區」（Lake District）國家公園裡，天然美景、湖泊、河谷、山巒、瀑布種種巧奪天工的自然雕琢，依然保持著令人迷戀的純真和美麗。莎士比亞故居斯特拉福（Stratford）的雅芳河、科茨沃茲區與巴斯的景緻，依舊保持著依幾年前萬種的風情，處處顯露著英式的優雅和品味。濃粧艷抹只是在掩飾老去的容顏，唯有歷久彌新的青春才可以保持原有純真和美麗。

　　或許是自不量力，或許是好高騖遠，年輕時常抱著負笈國外名校的夢。有兩次前去有 800 年歷史的劍橋，躺依著小船，看船夫撐著長篙在康河隨著水波蕩漾，默念著徐志摩那首〈再別康橋〉的多情詩句，欣賞兩岸的柳綠，和聽聽操著優美道地英國口音的船夫介紹著各具特色和歷史的學術大樓。雖然這一趟還無緣欣賞到牛津大學植物園滿園的楓紅秋色，在校區閒逛，沐浴在濃厚學

術氣氛中，就已算不虛此行了。

　　三十幾年前，第一次到倫敦參觀西敏寺時，很為寺內那塊以英國文學之父喬叟為中心的「詩人角落」深受感動。對一位唸英國文學的學生而言，這裡是英國文學的殿堂和勝地，單從地碑和壁碑所銘刻的那些名字：莎士比亞、華茲華斯、拜倫、湯默斯、艾特略、霍普金斯、白朗寧等詩人，還有狄更斯、哈代等大作家，安葬在這裡的英國文學巨擘，聽起來如雷貫耳，似乎在重溫一部英國文學史。教英詩和英國文學的詩人余光中，初次來遊時，曾在此心香頂禮，冥坐沉思，回國寫了一篇「不朽，是堆頑石？」的長文，令人印象特別深刻。

　　那些葬在西敏寺南廊角落的英國詩人，有的有墳，有的只有碑像，而碑像也分地碑和壁碑，不一而是。像雪萊和濟慈僅具壁碑，拜倫則只留白色大理石一塊。詩人之隅碑碑相接，有點擁塞，當然碑文有長有短，有的刻著詩人的名詞，像「我在時間的掌中，青嫩而垂死，卻帶鏈而歌唱，猶如海波」，有的僅一個字「Nothing」代表著一無所有，其中牛頓的碑文比較醒目特別，不但有墓誌銘刻著：

Nature and Nature's law lay hid in night,
God said, "Let Newton be, and all was light"

　　而且還特別設計有巴洛克式紀念碑，紀念碑有一群小天使，有一個玩弄稜鏡、一個玩弄望眼鏡、一個拿著一枚新鑄的金色硬幣，地球儀上標示著 1681 年慧星的運行軌道，斜倚著牛頓；右下方則是「神學」、「年代學」、「光學」與「原理」。暢銷書《達

文西密碼》的書中，男女主角就是在牛頓墓前，找到打開第二層藏密筒的密碼。

自第一次參觀西敏寺這個角落開始，我有很深的感悟，我也開始學習活得自在，不再為紅塵俗務汲汲營營。如今，年輕的歲月已不在，我的人生像華茲華斯所寫的：

I wander lonely as a cloud,

My heart leaps up when I behold a rainbow in the sky

只是一想起詩中那句「So be it when I shall grow, Or let me die!」時，讓我對一路走來的人生有更深一層的省思。

大英博物館古近東館

從歷史暗角重拾亞述文明的厚重

（英國/倫敦）

　　對我來說，大英博物館的「古近東館」就像西敏寺的「詩人之隅」一樣，充滿一種詭異的神秘和令人著迷的神采。雖說，到倫敦探遊，前後已有四趟，這兩個景點還都是我百看不厭、流連忘返的殿堂。

　　大英博物館是一座綜合博物館，也是世界上規模最大、最著名的博物館之一，成立於西元 1753 年，收藏品超過 800 萬件，目前分為 10 個分館：古近東館、紀念幣館、埃及館、希臘和羅馬館、日本館、東方館、史前及歐洲館、版畫和素描館以及西亞館。每年到訪參觀的人數達七、八百萬人次，它是英國最熱門的旅遊景點，其中以亞述古文物為主的「古近東館」是最吸引觀眾的展館之一，它所展示的亞述文物不僅是大英博物館鎮館之寶，也幾乎包攬全世界已被發掘出來古亞述文物最完整和精美的部分。

　　亞述（Assyria）是興起於美索不達米亞（即兩河流域，今伊拉克境內幼發拉底河和底格里斯河一帶）的國家。公元前 8 世紀末，亞述逐漸強大，先後征服了小亞細亞東部、敘利亞、腓尼基、巴勒斯坦、巴比倫和埃及等地。在兩河文明的幾千年歷史上，亞述可以說是歷史延續最完整的國家。其軍事技術長期領先於西亞各國，經過幾位君王的征伐，亞述曾經是跨越亞非兩洲的奴隸制大帝國，它的文化則博取西亞各國（主要是巴比倫）之長，且具有自己的特色。亞述係由守護神姆魯德、首都尼尼微城和宗教聖

城阿淑爾而得名。在發掘出來的神廟和宮殿中，都飾有大量浮雕，主題主要是國王戰勝敵人及狩獵活動，有很高的藝術水平。

　　一般旅客進入「古近東館」參觀，頃刻之間即會被那些琳瑯滿目的大型壁刻，和蘊含藝術感染力的浮雕所震撼。那些壁刻和浮雕有的是公牛像，有的是大鬍子人像，還有的是帶翅膀的獅身人面像。長翅膀的牛身人頭為宮庭衛士，亞述人相信入口處兩側的捨杜和拉瑪蘇，會守護他們的寺廟和宮殿。最珍貴的部份要算是西元 1847 年，英國領事勒亞德在法國人波塔檢測過，卻放棄的山丘庫羊吉克土下 20 英尺處，發現之古都尼尼微遺址、宮殿與文物。

　　通過幾年的發掘，考古的成效一點一點累積了它的寬度和厚重。一座自公元前 704 到 681 年一直統治著亞述的國王辛拿切利甫的部分宮殿才重現天日。宮殿擁有 71 間房間，其中一間是隨後建造的圖書館，館內包攬了古亞述叢書，從語言、歷史、文學、宗教到醫學，無所不有。宮殿至少還有 27 個出入口，每一個都由巨大的牛、獅或獅身人面石雕衛士守衛著。一幅又一幅記載著亞述歷史和神話的石雕壁畫，並排起來幾乎有 2 英里長。

　　亞述古文明得以重現天日是經過了一段非常漫長的旅程，從 1616 年有位義大利探險者皮托・德拉・凡勒成功深入美索不達米亞，並帶回刻有楔形文字的陶碑，才開始打開了冒險探索這塊歷史上有口皆碑的勝地。隨後幾個世紀以來，丹麥、英國和法國等有關人員陸陸續續都有斬獲，不但發現有三種不同楔形文字，並竭力破譯這些巴比倫和西亞述的古文字，美索不達米亞的神秘面紗便逐漸被揭露出來。

　　然而，一如地球上每一個角落所產生的古文明一樣，亞述文

明也無法逃過破滅的命運。公元前 627 年，來自波斯和巴比倫的入侵者佔領了尼尼微，公元前 605 年巴比倫國王尼布甲尼撒徹徹底底摧毀了亞述殘餘部隊，從此亞述萬劫不復，便消失在歷史的廢墟中。長期以來，亞述文明一直鮮為人知，要不是有這些法英的考古學家的長期努力發掘與研究，亞述文明還沒辦法重見天日。大英博物館各陳列館中，單看那些大型浮雕所蘊含的藝術感染力和深厚歷史內涵，就令人嘆為觀止，對它們至今仍然流落在異鄉的命運，也極感神傷。

博物館島上的白加蒙博物館

流落他鄉古文物的美麗和哀愁

（東德 / 東柏林）

　　1989 年，蘇聯和東歐共產國家還沒有解體之前，為了開拓海外市場，台灣國際貿易協會組成一個 40 名成員的貿易團，首開先例，前往蘇聯和幾個共產國家招商，期望在那些快要崩塌的「鐵幕」內尋找商機。我有幸躬逢盛會，總共花了一個月，一路由台北到莫斯科、基輔、明斯克、列寧格勒（現在的聖彼得堡）、東柏林、布達佩斯和華沙。因為這次的機緣，到東柏林時，我有機會參觀舉世聞名的博物館之島（Island of Museum）。聯合國教科文組織列入世界遺產的柏林博物館島，位於柏林市中心、史普利河河中的沙洲小島上。在這島上擁有五座名聞遐邇的博物館，分別是定包德博物館、白加蒙博物館、柏林國家藝術畫廊與柏林新舊博物館。五座博物館建築形態各異，卻又和諧統一，史普利河從兩側流過，更增加建築群宏偉磅礡，一派日耳曼民族的藝術重鎮的氣勢。

　　博物館島以白加蒙博物館最為著名，因此有人說，如果沒有充裕時間，要了解巴比倫文明，行程又只能選其一，那非白加蒙博物館莫屬，它是世界最著名的考古博物館之一。它的鎮館之寶是發掘於中亞細亞的希臘白加蒙神廟祭壇，和發掘於美索不

達米亞平原的巴比倫 120 公尺長裝飾壁牆，加上古希臘、古羅馬、巴比倫、伊斯蘭、中東的各類藝術和建築蒐集而聞名。白加蒙大祭壇基座長達 102 公尺，這是公元前 180 年特洛伊古城人民獻給雅典娜女神的大禮，上面有精彩絕倫的希臘雕刻，敘述著一個神話故事。白加蒙大祭壇原深埋在今土耳其第三大都市伊斯麥（Izmir）北方約 110 公里處，這個地方在公元前三世紀原是白加蒙王國的首都所在。由於深受白加蒙博物館所展出祭壇石雕感動，1996 年的春節假期，我和內人特別安排了一趟土耳其白加蒙古城探訪。古城的遺址就在阿克羅波理斯山上，希臘文代表著「高地之城邦」，這座古城係當時統治者辦公和軍隊駐守的衛城，一般百姓都住在城外山腳下，不同於離白加蒙 200 公里處的艾菲索古城。

　　白加蒙古城興建於公元前 12 至 10 世紀之間，歷經六個不同朝代，考古學家告訴我們可以從殘留舊城牆的結構上，研判各朝代的盛衰，即羅馬帝國統治以前，清一色是大理石，以後陸陸續續採用粗糙石塊，到了拜占庭時間則只剩下亂石和砂礫。目前留在白加蒙廢墟上的還有酒神載奧耐索斯、天后希拉壯麗的神殿、可容納五千人的劇場和藏書廿萬冊的圖書館遺跡，遊客不難從那些僅存的基座和石柱，想像出當時的盛況。至於那座全部以大理石砌建的宙斯大祭壇，除了階梯之外，其它精美祭壇壁龕、石刻和浮雕等等珍貴文物，皆已被德國人帶走，收藏在博物館島上白加蒙博物館中。

　　白加蒙古城在地底下達千年以上，西元 1864 年才被德國考古學家挖掘出土，西元 1903 年由原地搬遷過來，中間又經過兩次世界大戰，幾乎將現址博物館夷為平地，各館收藏品幾被各國

爭相掠奪，這座巨大祭壇也被蘇聯紅軍搬遷到莫斯科，東西德統一後，西元 1990 年才又回到原址，由 Alfred Messel 和 Ludwig Hoffmann 兩位設計師負責修建工程，中間經歷幾次推倒重建過過程，至 1930 年才算完成並正式對外開放。

　　館中還有幾座巨大古文物分別在伊拉克、敘利亞和土耳其由德國考古學家挖掘出土，然後搬回博物館內，一磚一瓦拼湊起來，專業考古研究精神令人欽佩，古文物固然也屬於全人類，但是這麼珍貴的歷史遺物怎麼都那麼輕易被這些列強國家搬離國門，這當然是強權壓境、強取豪奪的歷史悲劇。如今全世界像中國、埃及、中東等古文物流落在異國博物中何其多，這些遺產的展示固然是全人類的驕傲，但卻也代表原來主人的羞辱和無奈，他們想目睹這些屬於自己的寶藏為何要跑到別的國家呢？又什麼時候全世界真正達到和平正義，讓這些寶藏會物歸原主回到它們的故土呢？

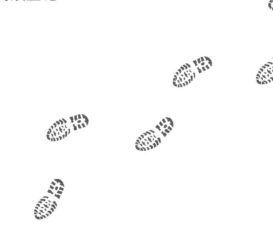

沙皇尼古拉斯二世埋屍處

好人未必就是一個好政治家

（俄羅斯／下塔吉兒）

下塔吉兒在俄羅斯的旅遊版圖上應該找不到，它只是西伯利亞烏拉爾地區的一個小城鎮，位於歐亞交界的地方。這個地區沒有什麼景點，以盛產鐵錳銅礦出名。自 1696 年，Vysokogorsky 露天礦場開挖營運以後，才開始陸續有移民前來。經過幾十年的開發，它已儼然成為俄羅斯早期工業的重鎮，俄羅斯第一部蒸氣火車就是在這裡研發製造出來的，大戰期間也生產不少性能優越的戰車。

1992 年的四月，因業務需要，我由一位英國國際貿易公司相關人員陪同，從莫斯科搭乘一架小型包機，飛往離紅場 1360 公里、西伯利亞烏垃爾地區，靠近下塔吉兒一家有數萬員工的大煉鋼廠，去參觀驗廠，準備向他們下單採購一萬噸台灣還沒能生產的鋼材。在那段時候，台灣經濟正在轉型，而蘇聯剛解體不久，外匯需求殷切，凡是能換取美金的工業成品，含淚輸出，我就是搭上那陣順風車，有機會和俄羅斯、烏克蘭和波蘭等產鋼材的國家，做起國際貿易來。

記得，約經過四小時的飛行，飛機在一處設備非常簡陋的小型國內機場降落，候機室已有專人和專車接待。四月的莫斯科已聞到春天的氣息，但離開機場的路上積雪盈尺，四周白皚皚像一片冰原。記得小巴在雪花紛飛路上，約略跑了兩個小時，終於在一個小村落外路旁停了下來。接待人員特別為我們拍照留念，並指著那塊圍著小石頭地點很慎重地告訴我們說：「這裡是葉卡捷

林堡郊外，七十五年前，沙皇尼古拉二世和他家裡成員被共產黨革命份子槍殺埋屍的地方。」

　　像一位專業的導遊，他很有耐心以華語向我們介紹沙皇王朝的歷史和衰敗。他說，從 1613 年起，羅曼洛夫王朝在俄國政治舞台上活躍了三百年。基於追求富國強兵的大方針，雖然王朝的成員為皇權有過不人道的鬥爭，可是朝向王朝強大的目標卻是一致的。其中以彼得大帝和葉卡特琳娜女皇的影響尤其巨大。不過，到了沙皇尼古拉斯二世執政的時候，俄國社會充滿騷動、衝突和飢餓，老百姓生活在水深火熱之中。1917 年 2 月 27 日晚，在布爾什維克的號召和領導之下，起義的工人和士兵很快就取得勝利，列寧共產主義終於推翻沙皇王朝。1918 年沙皇家庭成員被逮捕，押送到西伯利亞烏拉爾地區。處決後屍首經過焚燒，被扔進了一個廢棄的舊礦井之中並潑撒了腐蝕性化學劑。沙皇一家的命運遂成了一個謎團。

　　1991 年，考古學家在烏拉爾地區葉卡捷林堡附近，發現了沙皇家族被殺的殘骸，經過英國科學家以兩種最先進技術，對取自這些遺骸的遺傳物質，與英國伊麗莎白女王丈夫菲利浦親王血液進行分析和比對（因為菲利浦親王的祖母是沙皇尼古拉二世妻子的妹妹），證實推論正確無訛，使得長達 75 年沙皇一家死亡之謎有了結局。不過王位繼承人沙皇的兒子阿列克謝和三女的下落至今仍未解開。最後，他語重心長地作結論，尼古拉二世其實是位好人，但好人未必就是一個好政治家。他沒有能力處理國家大事和解決老百姓生活困境，所以落此下場。

　　人生的際遇是非常奇妙的事情，這趟純粹是商務的行程，卻比參加正式旅行團，更精彩、更具戲劇性、更耐人尋味。我的工

作經驗常常提示我自己，為著生活，人必須努力工作，倘若能把工作當做一種娛樂活動，那麼工作不但不是種負擔，反而是一種享受，生活必然會被推上另外一種愉悅的境界。像我為業務的關係，跑過日本、韓國、波蘭和俄羅斯，工作似乎像旅遊一樣，輕鬆愉快，見聞增加許多，而且還交了不少外國的朋友。我的工作讓我感覺幸福和愉悅，我很喜歡。

滿溢法喜的托缽化緣儀式

人世間的博愛和善良

（寮國 / 龍坡邦）

寮國是中南半島上的一個內陸國家。歷史上曾是真臘王國的一部分，13 至 18 世紀屬南掌，之後遭暹羅和越南侵入，1893 年淪為法國殖民地，第二次世界大戰期間被日本佔領，戰後法國再度入侵，直到 1975 年共產黨推翻親美的王朝才正式獨立，現為東南亞國家協會成員。

像其它東南亞佛教國家一樣，寮國是屬南傳佛教（又稱為上座部佛教或小乘佛教）的一支，因歷史和地緣的關係，深受周邊國家的影響，寮式寺廟有印度和緬甸的基礎型態，又結合了暹羅與高棉的傳統，所以規模較小，但它三層重簷漆上金邊、幾乎碰觸地面的屋頂、細部有龍騰飛向穹蒼的雕飾，加上有些較大寺廟甚至有吉祥天女和水神 Naga 的圖騰，在在都顯現精巧華麗的寮式風格。其中以龍坡邦的相通寺最美麗、最具代表性、也是最具欣賞價值的遺產。

龍波邦是寮國的古都，也是第二大城，不過人口只有二萬人左右。整座城市見不到紅綠燈，聽不到汽車喇叭聲，街道上儘是笑容滿面的旅人。單僅被列為保護的廟宇就有 35 座，古色古香、色彩斑斕廟宇的塔尖不時在藍天底下輝映，這裡依然保留原來的風貌。錯落的古建築一柱一瓦似乎都在輕聲細語，向來自世界各地旅客訴說著它往昔的風華。

龍波邦景觀不但時代切割明確，又能保持協調交融，是東南亞保存最好的古城市，處處可見法寮混搭的建築風格，寺廟佛塔與參天古木相映成趣，生活步調緩慢，空氣又好，有一股典雅閒

散混搭無拘無束的浪漫，時間在這裡似乎是停滯的，走在街上，感覺上是一場金碧輝煌的華麗邂逅。以佛教立國的寮國，不僅在建築上表現宗教的特色，在生活型態上也深深融合了佛教的色彩。精美的寺廟固然是表現寮國文化的亮點，然而，真正重要又最難摹仿的文化亮點應該是它的儀式，一種溶解在他們日常生活裡那種自發性的儀式。

我們在龍邦波就親自參加並體會了當地人那種「拔離世俗，上升到千山肅穆、萬籟俱寂的高臺」文化的魅力。這個儀式就是每天清晨來自各寺廟僧侶托缽化緣的儀式。當天清晨六點左右，我們全團成員由旅行社幫忙打點各式供養的糯米飯和糕點，這些食物以手編小竹籠盛著，跟著當地百姓人家集

合在龍波邦 Sakkaarrin 路旁，鋪上草蓆，就地跪候僧侶，然後以手指把糯米飯揉製成小飯糰，沒多久，由高僧領帶數百名穿著紅色僧服的小和尚沿街托缽化緣。當和僧侶列隊一個一個經過面前，信徒跪著將備受的食物，一一恭敬擺放入和尚們的托缽內，那剎那的感覺既莊嚴虔誠又溫馨實用，令人如沐佛恩，滿懷幸福。化緣儀式進行中，可以看到化緣和尚將食物回饋給當地窮苦人家小孩的場面，特別令人感動。

所謂文化就像作家余秋雨所說「一種精神價值及生活方式，它通過積累，創造集體人格」，因此要了解一個國家的文化，必須親近當地的民眾，深入當地庶民的生活。這趟寮國行最大的收穫就是參與他們這種自發性的文化（或宗教）的儀式，目睹當地老百姓在虔誠信仰下，樂觀地演繹著他們自己人生舞台上的角色，雖然收入不高，但善良樸實和友愛，是世界上幸福指數名列前茅的國家，而這些面向不就是人類一再想要追求的人世間的博愛和善良的嗎？

蒲甘萬塔的傳奇

乾枯了的樹林的樹根，還深植在它黃土地下

（緬甸／蒲甘）

　　剛走完老撾佛國（現稱寮國），隨後又趕上一趟跨年的「緬甸黃金傳奇之旅」，感覺上，這些行程不單是滿足好奇、走馬看花的旅遊，而是一段洗滌心靈的遠行。我們似乎不再走向那迴蕩金戈鐵騎和胡笳長笛交織的過去，而是走回佛光普照和充滿法喜的那個遙遠的年代。

　　二戰後，雖然緬甸也脫離了英國殖民統治，但長期由軍人獨裁當政，發展遲緩。最近幾年才開始解除封鎖政策，漸漸走向開放。由於緬甸神秘的面紗被掀開，世人才開始真正了解為何緬甸會被譽為「黃金王國」及「蝴蝶王朝」的原因。緬甸有百分之八十五的人口信奉佛教，全國軍人有五十萬，而和尚卻多達六十萬，境內遍佈寺廟和寶塔，有佛陀比百姓多等佛國特殊現象和景觀。

　　沒有到過緬甸曼德勒省轄下蒲甘的人一定不會相信，小小的蒲甘古都境內所建造的上部座（小乘）佛教的寺廟就超過一萬座。緬甸國內飛機臨近蒲甘機場快降落的時候，從機窗往下俯視，整個蒲甘平原密密麻麻佈滿大大小小的佛搭，像天上閃爍的繁星，閃閃爍爍地向來訪旅人招手。從第九世紀到十三世紀，蒲甘曾建立過一個國力鼎盛的王國，二、三百年期間，因國王的創導推廣，全國百姓憑個人財力建廟還願，一時蔚然成風。不過，蒲甘王朝的盛衰，像天河的新星的爆發一樣，在發出耀眼的光芒之後，隨後便歸於平淡，一如中美洲瓜地馬拉的提卡爾眾多神廟，只留下

絢麗璀璨的星雲，讓後人憑弔它們昔日的光輝和榮耀。

　　蒲甘是名符其實「萬塔之城」，因天災和戰亂，加上歲月無情的摧殘，目前只剩二千多座。不過，其中仍不乏規模大、功能性還在、歷史價值連城的寺廟。像瑞西貢佛塔、阿難陀佛寺、瑞鼓吉佛寺、達比紐佛塔、古寶基寶塔、達瑪揚基佛塔和瑞山多寶塔等等。只要登上蒲甘平原最高點的瑞山多寶塔，朝西方向，就可欣賞到整片大平原高低錯落的寺廟剪影，眼前映現一步一神廟，一直伸展到地平線。如果說中美洲巴拿馬熱帶叢林中，浮現在林海上的神廟群令人驚嘆欣喜，那麼擺在眼前成千上萬的千年佛塔，更會讓人感動流下滿溢法喜的熱淚來。

　　瑞西貢佛塔有著龐大金色的塔身，是蒲甘最神聖、最靈驗的寺廟，傳說寺內供奉著佛陀的牙、鎖骨和額骨的舍利子。廟內壁畫和二尊造型特殊的羅漢，留傳不少神蹟的故事；阿難陀佛寺供奉四尊高約三層樓高開悟的立佛、兩尊柚木雕刻的大佛和一萬尊小佛像和佛陀的腳印，非常珍貴；達比紐佛塔為蒲甘中期成熟技術的代表作，塔身為白色灰泥建築，由兩個巨大重疊的立方體組成，高 67 米，有七層塔壇，塔壁刻有著名的巴利文長頌石刻；古寶基寶塔以精美壁畫聞名，544 幅長寬約 12 公分的小格排列，內以線描勾勒出輪廓，描述佛陀誕生圖案，雖然年代久遠，依然可以看到令人欽佩的精細工夫；最後，達瑪揚基佛塔面積最大，城牆最厚，施工要求最嚴苛，是蒲甘最大佛塔。

　　搭乘馬車沿著伊洛瓦底江河畔，在蒲甘平原的大大小小寺廟間巡遊，發現它們造型各個不同，鵝黃色的塔身頂著搭尖千姿百態，迎向藍天，蒲甘平原的黃土地長著雜草，偶爾可以看見幾片青翠的落花生園圃，和幾棵綠色的樹叢，為疲憊的大地，點綴生

趣，終於深深體會出，蒼老蒲甘的美不是它的地貌和自然風景，
也不是它具有特色的古廟建築群，它的美是一種文化歷史與宗
教信仰融合淬練出來、屬於它本土的藝術沉寂的韻味和深沉的華
麗，那些佛塔群像乾枯了的樹林的樹根，還深植在它黃土地下，
一直守護著這塊歷盡滄桑的土地。

　　儘管朝代更替，物換星移，蒲甘千年的古廟群依然深情款款
向來訪的旅人訴說它們千年前充滿法喜的往事。也許，一如歷史
學家對蒲甘王朝廣建佛寺的兩極評價，是否是經濟力太集中於建
廟，以致削弱整個國家的厚基，最終才敗於元朝忽必烈的大軍？
然而這些經過千年歲月摧殘還留下的千廟群，至今仍撼動了一波
又一波來自世界各地急待救贖的靈魂，而今元朝帝國又在哪裡
呢？我很慶幸在我有生之年能有機伴著蒲甘的古廟群，走回到那
個充滿法喜和幸福的遙遠年代。

迎向蒼茫暮色
以詩的方式漫步在郵輪上的回憶長廊

（墨西哥蔚藍海岸 / 瓦亞塔、盧卡斯、馬薩特蘭）

　　這趟墨西哥蔚藍海岸黃金公主號郵輪之旅，全部是由大學的同窗好友重毅夫婦所安排，所有的昂貴花費也都是由他們請客支付。兩個禮拜裡頭，無論是在洛杉磯他們家做客，或是在郵輪上度假，他們把我和內人照顧得幾乎無微不至。我們非常感動，也很享受他們給我們的禮遇，誰教我們是對有「同窗緣、一世情」的好朋友呢？！

郵輪由美國洛杉磯碼頭出航，經墨西哥世界級度假勝地瓦亞塔、海角樂園盧卡斯、和有太平洋珍珠之稱的馬薩特蘭，再回到洛杉磯，全程六暝七天。這艘十萬噸級、十八層樓高的黃金公主號郵輪就像一座會走動度假 Villa 一樣，設備豪華精典，應有盡有，沿途除了可以飽覽綺麗海上風光外，幾乎每餐都可以享受到米其林級的餐點，令人大快朵頤。

與其說這次活動是旅遊，還不如說是兩對七十近八的老同學夫婦，相揪鬥陣，歡喜迎向我們人生的蒼茫暮色，藉著機會把一生當中這段被矜持的水筆越描越淡的友情，再增添些晚霞般的絢麗色彩。離開學校，各奔東西已超過半世紀，好友是位成功的美國移民，三位小孩都是醫生，住在高檔比佛利山莊豪宅，能夠在晚年各攜老伴相晤相聚，尤其是在千萬里外的他鄉，真是一件不可多得的福氣和難能可貴的際遇。

台灣的社會曾發生過一則全家分食一碗陽春麵的感人肺腑的勵志故事，我們真誠的友誼也是建立在一碗價值二元的陽春麵上的。那是一段「高級外省人」第二代和貧困本省工人子弟所建立和培養出來的「革命感情」。世間事是非常奇妙的，明明擁有優厚生活費和零用金的少爺因不善理財，他可以花 50 元坐計程車，卻沒二塊錢吃飯，一到月底，常會落到青黃不接的窘境。就因為我這個歹命的窮同學在他飢寒交迫的一個冬天深夜，請他吃了一碗二塊錢、他號稱是「世界最好吃的陽春麵」，並好意地數落他一番後，所建立起來的肝膽相照的友情，而這則廉價的陽春麵的故事竟然被他一輩子津津樂道，並已在他們家流傳到了第三代。

一般人都相信美酒愈陳愈香，但是有誰會相信朋友愈老話愈多，兩個禮拜的相聚總有聊不完的話題，初略估算聊天時間竟超

過七、八十小時，這場「世紀同學會」當事人都成了配角，全部過程多半由自己的另一半在對話。年紀愈大，身體狀況難免出現缺陷，然而，我們兩對老夫婦行動上都能互補，熱愛旅行的我們都相信還可以走很久很遠的旅程。可不是嗎？在許多部美國電影以它為拍攝背景的瓦亞塔下船上街時，跟一對剛結婚九十二歲正在度蜜月美藉的新婚夫婦聊天，才知道再過二個月，他們還準備去阿拉斯加旅行呢。

羅素把人類的生命比作是一條江，上、中、下游各代表青年、中年和老年。上游狹窄而湍急，下游寬闊平靜，江河緩緩地流入大海，大海接納了江河，也結束了江河，死亡就像江水流入大海。我個人比較喜歡把老年比喻成日子末階段的黃昏，因為只有黃昏的蒼茫暮色最能凸顯出人生末階段最具況味且最富詩意的年華。

沉重的人生負荷已卸除，各種酸甜苦辣的生活也已了然，卻把萬丈紅塵拋棄在遠處，沒有功利地面對自然，我們以詩的方式漫步在郵輪上的回憶長廊，滿懷喜悅迎向蒼茫暮色，把握人生末階段的一分一秒，分享彼此間首肯的眼神和笑聲。在結束行程返台的路上，我向內人開玩笑地說，倘若說五十年前一碗二塊錢的陽春麵換得了這次豪華的壯遊，也該算是投資報酬很高的回饋了，但我的妙論不被接受，她嚴肅地告訴我說，真正的友情是無價的。

維吉蘭的人生雕刻公園

一座道盡人生苦難和磨練的人體雕刻公園

（挪威 / 奧斯陸）

　　地球上自有人類以來，「人為什麼會誕生在這個世界上？」「人為什麼要活著？」還有「人為什麼要死去？」等問題，常常是古今中外許多哲學家和文學家所探討的議題。他們的論述不是用口述就是靠筆耕，而全面以雕刻作品的形式來彰顯這樣的主題，並且還廣泛地涉及到有關愛與性、罪與罰的人性剖析，環顧現今世界上，除了挪威奧斯陸的「人生雕塑公園」之外，似乎是前所未見。

　　奧斯陸是挪威的首都、一座千年古城，位於北歐冰川峽灣的最尖端、彎曲複雜水道的深處，自古即是維京人居住的原鄉。因為擁有這種絕佳地理環境，使得它外緣的景色特別美麗迷人。一般台灣的旅客要去挪威，往往會經由丹麥的哥本哈根，搭遊輪沿著峽灣海岸到奧斯陸。我們兩趟的北歐遊，也都被安排走同樣的路徑，主要的用意就是不想讓旅客錯過這段的特殊的景緻和風光。

奧斯陸不同於哥本哈根（丹麥）、斯德哥爾摩（瑞典）、或赫爾辛基（芬蘭），古老的建築和景點不多。除了參觀諾貝爾和平獎的頒獎地市政廳、王宮和維京船博物館外，維吉蘭雕塑公園則是一處非去不可的重要景點。如果說，安徒生照亮了丹麥的哥本哈根，那麼挪威雕塑家維吉蘭（Gustav Vigelan）就是挪威的「奧斯陸之光」。

　　維吉蘭是挪威最受尊崇的雕塑家，1924年受市政府之委託為弗羅格納公園的噴泉設計雕像，哪知他一頭栽進去之後，竟花了畢生的精力近四十年的時間，為這座公園鞠躬盡瘁。公園佔地八十公頃，採幾何圖形設置。從正門到出口有一條長達850公尺的軸線，維吉蘭用鑄鐵、青銅和花崗岩三種材料，分別雕刻了212座雕像、650個浮雕，將人的一生，從出生到死亡，分成四個主題呈現，即《生命之橋》、《生命之樹》、《生命之柱》和《生命之環》。

　　《生命之橋》是座長約百公尺的花崗岩石橋，橋的四端各豎起四座花崗岩石柱，有三座是男人與怪獸搏鬥的雕像，另一座則是女人擁抱怪獸的畫面，象徵男女面對邪惡勢力所展現對抗和妥協的態度。橋的兩旁護欄上陳列了58座男女老幼、呈現出感情世界中喜怒哀樂各種情緒反應；《生命之樹》呈現各種年齡層的男女依偎在生命之樹下，所承擔不同生活的責任和感受，特別是大噴

泉中央有六位年輕男子齊力共捧巨盆，象徵共同承擔社會責任的重大意涵；《生命之柱》高 17 公尺，是用一塊完整的花崗岩花了十多年才完成的傑作，121 個不同姿態表情的男女老少雕像，首尾相接密密麻麻糾結盤旋而上，把人世間生老病死的眾生相、以及生命過程所經歷的痛苦，但又各自努力掙扎向上的人生歷程，赤裸裸刻畫出來；《生命之環》在公園的最後方，由兩對男女和三個小孩緊密牽手而成的環狀雕像，象徵著生命的生生不息。整個公園的雕像從《生命之環》沿著中心軸，遙對《生命之樹》，細心的旅人就可以感受出這位偉大的藝術家對生命的謳歌。

　　我和老伴兩次參觀這個公園，感動和受震撼的程度有增無減，我想維吉蘭的全系列作品，把人生過程中的童年、青年、壯年到老年比作自然界春夏秋冬等季節，每個季節都有各自的韻采，如果我們知道如何去品嚐它們的詩意，人生就會充滿各種的美味。遭遇挫折的時候，就像那座最討參觀者喜愛的「憤怒的小孩」表露自己的憤懣，然而，更要像《生命之柱》中所詮釋的一樣，人的一生有歡樂、有悲傷，有希望、有絕望，有夢想、有挫折，儘管遭遇百般磨難和無奈，儘管忍受著情慾糾結愛恨情仇，仍然要堅信堅韌的生命力，還是會讓人類的生命找到出口，並且生生不息啊！

在哥本哈根遇見安徒生童話

象徵人類永恆座標的美人魚故鄉

（丹麥 / 哥本哈根）

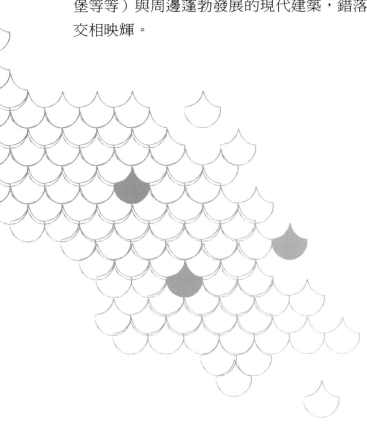

　　相隔十三年，第二次來到哥本哈根，依然為它美麗又迷人的容顏著迷，依然感覺得出它那股充滿真假虛實和夢幻的氛圍，就像安徒生童話故事裡那樣夢幻般的世界。哥本哈根是丹麥首都、北歐最大的城市、世界著名的文化古城。市容整潔美觀，古老的宮堡（如克里斯蒂安堡、阿馬林堡等等）與周邊蓬勃發展的現代建築，錯落有致，交相映輝。

說來也許會令國人感到沮喪和疑惑，為什麼一個地處天寒地凍像台灣一樣欠缺天然資源的小小國家，卻是全球最富裕和快樂的國度？美國國家地理雜誌還評定丹麥是「世界上近乎完美的國家」。它的人口僅台灣的四分之一，而人均國民所得竟近四萬美元，丹麥是一個令人羨慕滿溢文化和藝術氣息、幾乎沒有窮人、且最適合人類居住的綠色世界。

　　提到哥本哈根，總會讓人連帶地想到安徒生，因為他在文學上的成就照亮了這個古老城市。來這裡旅遊，如果時間太匆忙，也許可以錯過王宮、歌劇院等等景點，唯獨不能錯過市政廳廣場一隅那座安徒生紀念銅像。那尊被遊客觸摸擦亮的雕像，仰著臉凝望著對街的蒂沃利樂園（Tivoli Gardens），雕刻家的此舉極富故事性。當然朗厄里尼港灣畔那尊世界聞名的「小美人魚」銅像，也不能被忽略。這三個景物皆名列在哥本哈根十大名勝名單之內，就因為它們的存在與一代文學大師安徒生的一生息息相關。

　　安徒生是丹麥的作家暨詩人。父親是木匠，母親替別人洗衣服，雖然出身貧困，但安徒生的著作極為豐富，作品涵蓋戲劇、童話、童話集、小說、遊記和詩集，特別是他的童話作品名聞全世界，其中以《冰雪女王》、《姆指姑娘》、《賣火柴的小女孩》、《醜小鴨》和《國王的新衣》最為膾炙人口，有些作品被譯成 150 多種語言，成千上萬冊在世界各地風行，陪伴無數的小朋友度過歡樂的童年。他的作品為人類樹立了「一個永恆的座標，審視著全人類文學在什麼程度上，塑造了世道人心」，故被譽為「童話之父」。

　　小美人魚的故事源自安徒生童話《海的女兒》，描述在大海深處的海底王國，有位小美人魚公主，為了愛情而放棄海中皇室

生活，化身為人的淒美感人故事。藉由小美人魚寧願為愛犧牲，超越種族與無私，而其靈魂得以上天堂得到永恆不朽的故事，有觀眾因感動而捐建了這尊小美人魚的銅像。它是丹麥雕塑家艾里克森於西元 1913 年根據安徒生童話裡的故事所塑造的。它就像倫敦的大橋、巴黎的鐵塔，成為哥本哈根的標誌。

　　比起現在世界各地的迪斯尼樂團和環球影城，開放於 1843年 8 月 15 日的蒂沃利樂園，遊樂設施和規模顯得有點老舊和簡陋，但是它是全世界僅存的第一古老而且還在正常營運的主題遊樂園。當時國王克里斯蒂安八世實施絕對君主制度，引起社會騷動，因此接受某位人士「當人民自娛自樂，他們不會考慮政治」的建言，蒂沃利破天荒獲准，以年租金不到千丹麥克朗設立。據說，安徒生的晚年常當義工，出入這座樂園幫小朋友講故事，因而他在這裡築起了好幾世代丹麥民眾抹擦不掉集體的童年記憶。

　　倘若說，最有意義的旅遊不是在尋找別人的文化，而是在冶煉自己的生命，對大多數像筆者一樣、從來沒有擁有過童話童年的老一輩台灣人而言，生存本身就是一種挑戰和一種無止無盡的磨難。目前的台灣處境離強國中國太近，離上帝又太遠，在安身立命的政策取捨上，丹麥在某種程度上，對台灣應該有某種程度的啟發，即是小國經濟，面對有限國內市場、波動的全球經濟，成長的政策不應該僅是市場開放一途而已。到北歐旅遊，尤其在丹麥，旅客最合適的身分只能是驚訝和痴迷。

探訪汗血寶馬的故鄉
讓千古的傳說與臨場的實況相互對應起來

（烏茲別克 / 費爾干納）

　　近日有某平面媒體報導，中國大陸有錢的權貴豢養
藏獒的熱潮已不在，現正流行飼養另一種價值不菲，每
匹上看百萬人民幣的汗血寶馬。幾年前，筆者在中亞五
國的行程中有幾處是古絲路的重鎮，那些古城市大都被
聯合國列入世界文化遺產，它們曾讓我們一行人有機緣
讓千古的傳說與臨場的實況相互對應起來。

　　有關汗血寶馬的美麗神話和傳說在中亞地區已流傳
一千多年，據歷史記載，中國漢朝漢武帝為了得到這種
能夠「日行千里」的神馬曾兩次派兵征伐。這種馬體型
高大，姿態優美，頭細頸高，四肢健美修長，皮薄毛細，
動作輕快靈活，跑起來的時候，流淌著像血液般的汗水。
行前，我們就對那個充滿神秘色彩的天馬故鄉充滿期
待。

　　我們原先的行程是走完烏茲別克的首府塔什干，再
飛到千里之外、有著「中亞露天博物館」之稱的基瓦和
烏爾根奇，然後轉入土庫曼。因土庫曼不發給入境簽證，
當時，我們失望地以為從此與「汗血寶馬的故鄉」失之
交臂，同時也失掉走一段卡拉庫姆大沙漠、體驗在沙漠
中看到奇妙的海市蜃樓和日月同輝奇景的機會。

　　旅行社把土庫曼的行程臨時改走烏茲別克另二處古
絲路的名城浩罕（Kokand）及費爾干納（Fergana）。萬

萬沒想到當地的導遊竟告訴我們說，費爾干納才是汗血寶馬真正的故鄉。他告訴我們說，汗血寶馬本名為阿哈爾捷金馬，其實它生存在遼闊的中亞地區（土庫曼、吉爾吉斯和哈薩克、烏茲別克交界地區）費爾干納河谷。目前的數量不超過 3000 匹。它是經過三千多年培育而成的世界最古老和純正的馬種。費爾干納和浩罕離塔什干其實只有 300 公里，因為大部分是崎嶇不平的山路，沒有大巴可乘，我們二十個人分乘五部破舊小計程車，浩浩蕩蕩花了十個多小時，當天往返，艱辛勞困可見一斑，用這段旅程來代替被取消的土庫曼行程在對價上有點勉強或不成比例，不過好歹兩個新的景點也都是中亞古絲路上、有著輝煌歷史的城市。

　　浩罕位於進入費爾干納河谷的十字路口，曾是中亞最大的商業中心。費爾干納則是古絲綢之路北路，從中國西安到黑海必經之地、古時候大宛國或樓蘭古國的所在地、更是亞歷山大大帝時的殖民地。費爾干納盆地區域（不等同是費爾干納城）其實是指今日烏茲別克、塔吉克和吉爾吉斯三國交界處、長約 300 公里、寬約 70 公里的精華河谷地，區域內河道縱橫，農業特別發達，也是孕育天馬最理想的地方。

　　一如資料所記載，這個地區的老百姓，受歷史和地理環境的影響，多種民族經過好幾十個世代的通婚混血，相貌輪廓俊俏好看，性情特別善良熱情，無論在公園、市集或街道上，男男女女、老老少少都會表露和藹可親，自動並熱情地同外來客互動，小販農家會窩心地請你品嘗他們所賣的東西，遇上幾戶結婚喜宴也邀請作客，路旁棚架上滿園「馬奶子」葡萄任你採，一幅中亞民族豪邁熱情的風情。由於這段旅程非常艱辛，正好讓我們稍體驗一下往昔商旅所經歷萬分之一般的艱難，我們是以朝聖的心情走完

這一段路。

　　土庫曼認為汗血寶馬是他們的國寶，他們把寶馬英姿繪製在國徽中央，但是烏茲別克則認為它們的費爾干鈉盆地才是天馬的故鄉，其實比較可靠的史料則稱吉爾吉斯古稱貳師的地方（今之奧什）才是汗血寶馬真正的故鄉，然而最近中國大陸有錢大爺進口的汗血寶馬卻都來自哈薩克。我們不是歷史學家，也不是這方面的專家，當為一般旅客沒有權利和義務去判斷它的真實性，確實的史料考據就留給歷史學家去傷腦筋吧！

身處硝煙的旅遊

旅遊本身具危險性

（克什米爾 / 斯里那卡・貢馬）

　　根據我五十年來出國旅遊的經驗，全世界出入境通關最簡單快速的國門，應推冰島的雷克雅維克國際機場。據非準確的統計，所花時間不超過二十秒，（當然，我們自己的國門也算是很有效率的啦！）而最嚴謹、最耗時間、最令人擔心受怕的，要算是克什米爾的斯里那卡機場。

　　西元 1989 年到 1998 年那段期間是我們夫婦的空巢期，女兒遠嫁去台北，兩個兒子先後負笈美國。為著避開過年團圓日家中的寂寥，有好幾年的春節，我們夫婦都是在國外度過的。我們根本沒想到把旅行當成是一種療癒孤寂的過程，只是自認是對快樂的旅人，一有機會就儘可能捉住機會，去感受世界各地那些人與人之間、人與大自然之間、人與各種藝術文化、甚至是人與古文明之間相互的牽動、靈犀上契合那股無法言喻的愉悅。記憶中，尼泊爾、克什米爾和北印度都是那時候我們所走過旅程的一部分。

　　印度是個古文明的國度，它的社會具多元性、豐富性、神秘性及複雜性，這些元素很能勾勒出旅人內心尋幽探奇的欲望。衝著北印阿格拉（Agra）的泰姬瑪哈陵和捷布（Jolpur）的粉紅色

城堡的盛名，以及它們那些特殊建築技藝和風姿，1997 年的除夕，我們從德里（Delhi）進入印度，然後轉抵克什米爾的首邑─斯里那卡和貢馬，順便遊歷這個喜馬拉雅山下姿身未明、且多災多難的古國。

從機場到市區，沿途都可以看見印度政府佈置的重兵，嚴峻的程度幾乎到五步一哨、十步一崗的地步。因為基礎建設差，缺乏交通系統規劃，沒大型巴士，我們廿位團員四人一組被分坐一部計程車。車窗所見都是子彈上膛的槍口，槍枝如林，充滿廝殺的氛圍。荷槍的軍警隨時圍繞過來盤查，槍口指向我們，好像隨時準備射出。全團團員無个被嚇得目瞪口呆，不敢吭聲。那種感覺彷彿像當年兩岸處在戰爭狀態的金門，我在那裡當步兵排長所面對的危急處境一樣。

克什米爾位於南亞最北端、喜馬拉雅山脈和比爾本賈爾嶺之間的河谷地。它的命運非常坎坷，一千年來，佛教、濕婆教和回教等外國勢力陸續進入，在近五世紀內，才由回教君主控制這個地區。1846 年最後王朝錫克帝國被英國打敗，並長期佔領，直到 1947 年喀什米爾成為一主權爭議地區，分別由印度、巴基斯坦和中國三國所控制。我們所遊歷區域僅限印度所控制大約百分之四十五的部分。因為，常期以來克什米爾人一心追求獨立，地下活動以及各種示威活動不斷，使得喀什米爾常處於衝突的半戰爭狀態。

記得我們所搭五部計程車開往離市區 57 公里、海拔 2700 多公尺、喜馬拉亞山腳下的貢馬玩雪、坐雪橇時，沿途的崗哨槍口依然對準任何可疑目標不說，車子到達目的地剛停下，隨著有一大堆像匪徒般的大漢蜂湧朝我們衝了過來，好像是強盜搶劫，後

來才知道他們只是搶著租給旅客玩雪的坐盤。驚魂甫定，瞧著他們無助又縹渺的眼神，讓人打從心裡有百般不捨，面對黑壓壓的一大群人「不知熊抑或是虎」，我們真是愛莫能助。

在離開喀什米爾要回印度德里的時候，斯里那卡機場一如我們來到時候那麼戒備森嚴，飛機引擎似乎沒有停下過，隨時處在可以起飛狀態。出關的過程比入關時更緊張繁複，簡直像在過五關斬六將。五、六個檢查站，從核證件、查行李、翻皮包、開相機、取電池、最後是在機棚下圍起臨時帳棚脫衣褲搜全身，即使是兩塊防血糖過低急用的糖果也被沒收，毫無例外，檢查之嚴格，可見一斑。

有人認為何苦來哉，旅行玩到像在戰地考察一樣，有點像在玩命，其實不然。旅行本身即充滿危險性，不管在交通、社會治安、衛生條件、地理環境還有本身體況等等情況下，無不佈滿危險的陷阱，「明槍易躲，暗箭難防」，可以目睹的危險不是真的危險。出國旅遊務必遵守相關規定，以及時時注意本身安全。

問我走這一趟值不值得？我只能說克什米爾是個揉合了歐陸風味和蒙古草原情調的國家。走一趟，單有機會住在達爾湖上的船屋，體驗那種世外桃源、水上人家的生活，就值回票價，更何況除了那些豐富自然景觀之外，還有那位五官深刻、眼神純真縹渺、滿臉腮鬚、一直喊叫我們爸爸、媽媽的船屋管家，因船屋沒有供電設備，就靠他在長夜漫漫的冬季夜瞑，按時在火爐幫我們填加薪火，幫我們驅寒，服務體貼熱心。這種細膩溫馨的服務態度，長久以來，還一直溫暖我們的心。

感受斯里蘭卡那種不華麗的精彩

誰說有光輝文化的城市就不必再用燈火來製造它的明亮？

（斯里蘭卡 / 班托搭、坎迪）

　　告別南印度默德萊的斯里米納克西佛寺（Sri Meenaksmi Temple）、斯里蘭的甘納蔟斯瓦米佛寺（Sri Ranganathawamy Temple）、以及坦賈武爾的斯里伯哈德斯佛寺（Brihadishwara Temple），揮別了那些典型印度教廟寺瑰麗雄偉、多彩多姿、繁復生動、有著諸神祇雕像的塔尖簷角，來到印度次大陸南方外海的佛教島國——斯里蘭卡。

西元前 500 年印度僧伽羅人遷移到這個島上，西元前 247 年，印度孔雀王朝的阿育王派其子前來，從此僧伽羅人摒棄印度教改信了佛教。311 年左右佛牙從印度傳入，佛教遂成為國教，全國有近八成人口信奉佛教。佛教雖源自印度但已式微，然而佛陀的光芒卻依然在這個島國熠熠生輝。二戰後，斯里蘭卡終結自 1656 年荷蘭的殖民統治，正式成為一個主權獨立的國家。

　　「異鄉體驗」是國外旅遊的主要目的，而珍貴的異鄉體驗則來自他們的「文化現場」。宗教活動是民族文化重要的一環，有機會參與他們的活動，親自體驗那種不同文化的韻味和奧義，讓自己的生命和那裡的文化現場融合成一體，去感受那股崇高和被衝擊後的快感。斯里蘭卡岩洞寺廟、波羅那露瓦舊皇都、坎迪佛牙寺等人類世界遺產固然令人感動，也是特別吸引旅人的景點，不過，我還是覺得沒比分享我們參加凱拉尼亞大佛寺、康堤佛牙寺、恆河和黑河等佛寺佛誕節浴佛儀式，所帶來那種揪心的酣暢和幸福那麼彌足珍貴。

　　拉尼亞皇家大佛寺位於斯里蘭卡西部省、凱拉尼亞市，離首都可倫坡僅 7 公里。其歷史可追溯到公元前 500 年前，是斯里蘭卡最古老寺廟之一。相傳佛陀第三次及最後一次來到此地，就坐在一個鑲滿寶石的座位上宏法，寺廟內還保存著佛陀沐浴後更換的衣服，因此大佛寺已成為全球佛教徒朝聖的聖地。

　　坎提佛牙寺位在康提湖畔（人工湖）規模不小，建有護城河、八角塔、還有金光閃閃的廟頂，整座廟寺雕樑畫棟。相傳佛陀牙齒的舍利子於西元 4 世紀時藏在一位公主的頭髮中來到斯里蘭卡，由於佛牙後來成為王權象徵，因此成為爭奪的對象。在經過了斯里蘭卡和印度兩國之間多次旅行後，終於在十六世紀時，永久收藏供奉在這座深具歷史意義的美麗廟宇佛牙廳裡，而佛牙就

收藏在一個六層金色寶塔套成的聖器匣內。

五月二日佛誕前夕，我們落腳在坎迪旅邸。那天晚上，整個城市的大街小巷、家家戶戶（包括，機關學校和公園）張燈結彩。夜幕低垂的時候，全城展現出了幾條閃亮的燈河，從四面八方湧來，然後在市中心匯集成一片璀璨的燈海。誰說有光輝文化的城市就不必再用燈火來製造它的明亮？真正的詩情和畫意其實就在歷史不變的原始生態中。

佛誕當天一清早，我們便動身走訪佛牙寺、凱拉尼亞大佛寺、恆河和黑河等佛寺。八點未到，各廟寺寺內寺外，無不人山人海，到處擠壓得水瀉不通，充滿法喜。但見信徒扶老攜幼，手捧各色蓮花、鮮果和食物，湧進廟參加浴佛儀式，從獻花、獻果、供僧和供佛，一切依儀式按部就班進行。然後他們在廟前廟後可以擠下身子的地方，各選了適當位置，席地而坐，口唸浴佛偈句。他們非常虔誠地堅信藉浴佛可以洗滌本身內在的心性，儘管高近 40 度的氣溫，聽說他們要從早上六點坐到下午六點才離開。全國的信徒出自內心，有志一同，不流形式、不具噱頭、不做作、不矯飾的那種不華麗的精彩。

花了整整一個星期，我們從可倫坡、西格格利、肯達拉瑪、坎迪、培拉丹尼亞、班托塔，再回到可倫坡，我發現斯里蘭卡整個國家的發展，除了政府政策正確、教育普及，以及九成九國民會說英語等理由外，從斯里蘭卡人民所持生活態度，以及他們各種儀式所營造出來那種全國性集體意識的情景，對族群群體心靈上的感知世界，所產生出來的巨大力量，不但可以產生全國性集體的呼應，更能發揮巨大的精神效能，我認為斯里蘭卡全國有志一同，企圖成為第二個新加坡的願景，應是指日可待的事情。

凝結音符的西貝流士紀念碑

其實漂泊就是尋找回家的路

（芬蘭／赫爾辛基）

往往是一件事、一位人物、或一項東西決定了旅人對某一個國家或某一座城市的親密或疏遠。諾基亞的手機年發貨量曾達2.64 億支，市佔率達百分之 32，是世界的第一位。成功的教改屢獲國際教育評量的桂冠、一首讓人迴腸蕩氣、雄渾壯闊的〈芬蘭頌〉、還有聖誕老人的故鄉拉培蘭那多彩多姿極地冰雪風光、永晝和神秘的北極光，在在都讓人聯想起這個人口不到臺灣四分之一，資源非常貧乏，而生活水準和消費卻非常高的北歐小國－芬蘭來。

芬蘭位於斯堪地那維亞，國土有三分之一位於北極圈內，濃鬱的森林幾佔全國的三分之二，大小湖泊近萬個，有「千湖之國」的稱呼。初到它的首都赫爾辛基，馬上就被這位「波羅的海的女兒」如詩如畫、如夢似幻的景色所吸引。那些巧妙運用自然環境、又深受俄羅斯影響的古典又現代的建築物，像興建於西元 1830至 1852 年間，新古典主義風格的主教座堂，搭配周邊議會廣場，巧妙地構成了赫爾辛基市中心的一幅獨特的風貌，老早之前已成為一處讓旅人流連忘返的地方。

芬蘭人崇尚自然和樸實的人文氣息、藝術創意和建築風格，可以從一座別出心裁的岩石教堂（Rock Church），以及另一座西貝流士的紀念碑，得到例證。岩石教堂是聖殿廣場教堂的俗稱，係由斯馬拉連寧兄弟於 1969 設計建造完成。教堂建在一塊巨大岩石中，先將岩石挖開後，於上方搭建用銅板所製造的圓形頂棚，

頂棚由一百條放射狀樑住支撐，直徑 24 米，可以容納 750 人，自然採光，牆壁是原有花崗岩石的紋理，音效特別佳，經常舉辦音樂會。走廊為隧道狀，整座教堂如同著陸的飛碟，奇特又富創意的造型，舉世無雙。

為了紀念芬蘭民族主義和浪漫主義的音樂家西貝流士（Sibelius），芬蘭女雕塑家希爾圖寧（Ella Hilltunen）花了六年心血，終於在 1976 年於西貝流士公園，完成了一座別開生面的紀念碑。紀念碑是座大型金屬雕塑，由十公尺高、六百多支銀白色的不鏽鋼管組成，象徵管風琴，也象徵芬蘭漫無邊際的森林，另一旁赭紅色岩石上則鑲嵌著西貝流士凝視沉思的金屬頭像。每當芬蘭灣的海風一吹過這些鋼管，彷彿可以聽到那些鋼管被撩撥發出的管弦樂章一樣，這座雕塑完全呈現出超現實的現代雕塑，或富創意的都會景觀。

1890 年芬蘭受俄羅斯帝國佔領，並廢其自治權。當時，全國掀起了愛國抗暴的風潮，年輕的音樂家西貝流士剛從國外學成歸國，基於愛國情操，響應全國抗暴運動，譜寫完成了全國人民琅琅上口的〈芬蘭頌〉。在這首樂章裡頭，西貝流士刻意避開了安適、華麗和自我陶醉的基調，強調芬蘭冰天雪地殘酷的現實和暴風雪的無情。即使是不懂古典音樂的人，從這首芬蘭頌當中也可以感受到它所呈現北歐淒美的景色，和刻畫出的人類心靈的荒原。芬蘭頌幾乎像是國歌一般的愛國音樂，西貝流士是一位受芬蘭人民所尊敬的偉大音樂家。筆者自認是位經常在追尋「異鄉經驗」又不時牽掛自己家鄉的旅人，所以對於所踏上的每一片土地的命運，總是特別敏感，而且常把它同自己的家鄉作評比，因此在國外一有機會常會找當地的人閒聊。

當我一直在納悶這樣一個比臺灣更小，天然資源又極度貧乏的國度如何能擠進世界已開發國家之林時，恰巧在公園遇上一對正在遛狗的老夫妻，先生是一位退休的電子工程師，妻子是大學教授，兩位都曾經到過台灣的台北、新竹和花蓮，向我說起自己祖先在嚴峻生存條件下所淬礪出來的那種「sisu」民族性格。他告訴我「sisu」是一種精神上的能耐，表示意志、決心、毅力和理性面對逆境，他一再強調人民對自己的國家絕沒有二心很重要，選擇做對的事就勇往直前，他又說教育是他們的強項，師資即國力，他們的老師教導小孩著重在思考和創造層面，他們認為匠藝和記憶的教育只是在加速競爭力的衰敗，加上沒有天然資源可利用和可供出口，故只有強調「將灰燼轉成 GDP」的理念，並彰顯優秀人才的可貴，教育遂成為芬蘭發展的重要一環。

　　傾聽了這對素昧平生芬蘭朋友一席忠言，做位台灣人心中頓感有戚戚焉。他們覺得沒適當英文詞彙可以直譯芬蘭「sisu」這個文字，但據涵意，筆者雖才粗學淺，姑且把它翻成「堅韌不拔」的精神。今日台灣處境飄搖，不就是無法堅持這種精神，以致顧此失彼的嗎？儘管旅人長期喜歡漂泊，其實漂泊就是尋找回家的路。每位旅人一旦跨出國門，馬上會感覺到還是自己的故鄉美好。對他們而言，故鄉才是他們的天堂、才是一個真正充滿童話的地方，不是嗎？

輕描摩洛哥古城的異次元空間

傾聽城牆與山海的呼應及古典與現代的對話

（摩洛哥）

　　對年近八十歲的老人家來說，遠行的確是件非常勞累的事情，而且身體也是比較容易出狀況。這趟北非摩洛哥之行，單僅來回的飛機航程就花掉了整整二天，在摩洛哥境內拉車趕路，爬山越嶺，橫跨沙漠，也花了四、五十個小時，十三天來，總共趕了將近二千五百公里的路，僅管如此，內人和我還是不想讓我倆遠遊的苦吟太早就變成無聲，對我們而言，到一個陌生的國度旅遊不單是趟尋奇獵艷的探索，它還是我們一生所追求的夢想。

　　摩洛哥位於非洲西北端，西面瀕臨大西洋，北邊望著地中海，隔著直布羅陀海峽與西班牙相望，扼守著大西洋與地中海的門戶大關。東邊、南邊與阿爾及利亞接壤，南部為實際佔領但無法獲得英美等國承認的西撒哈拉。七世紀阿拉伯人來到此地，八世紀建立王國，十五世紀以後西方列強開始入侵佔領，直到西元 1956 年才脫離法國、西班牙統治，宣佈獨立。摩洛哥是一個君主立憲多黨制的國家。居民百分之八十為阿拉伯人，百分之十八是柏柏爾人，少數猶太人和非洲人。

　拾穗，在迢迢的旅途上

我們從它的第一大城卡薩布蘭卡（Casablanca）經其首府拉巴特、德塔安、非斯、梅索加、埃班哈杜、亞迪達整整繞了摩洛哥一圈，回到卡薩布蘭卡，然後直接搭機到杜拜轉機返國。這段期間，我們一共探訪了六個世界人類文化遺產，其中古城就佔了五處。沿途所見，不管是古堡、皇宮、廢墟和古城，處處都可以見到那些躲過戰火、逃過天災人禍、經歷漫長的悠悠歲月，依舊保持良好的城牆、城門、皇宮、陵寢。

　　古城有的建在山之巔、有的建在海之濱，有的建在沙漠中的綠洲，當然大都建在京畿重鎮。特別是每個古城的舊城區都各具不同的特色和風采，讓來訪的旅人很從容地就捕捉得到古堡與山河、皇宮與陵寢交錯的歷史情愫。特別是一踏進舊城區時，彷彿就像走入了時光隧道，回到了十六世紀的異次元空間一樣，顛沛流連在濃濃的古風街坊，那種感覺很特殊、很強烈，也特別令人感動。

　　德塔安舊城區是早期摩爾人被被趕出伊比利半島，來到此地所建立的城市，它融合了安達魯西亞與阿拉伯人的風格，雖然不像臨近的蕭安小鎮，以藍白相間那麼浪漫，不過自成一套風格。五公里長的高聳城牆，有七個城門，從城門向市中心為大街，中央廣場是官邸和政府機關，然後分開南來北往，四通八達小巷，居民和商家就沿著小巷居住和營生。整個城區還分屬不同族群聚落，尤以猶太人區最特別，所有建築都具跨文化、跨種族的風格。

　　非斯舊城區位於國境北部，是摩洛哥歷史名都，也是建立最早的阿拉伯城市。坐落在中阿特拉斯山北麓海拔 410 米的高地上，是座有 2800 年歷史，至今保持良好的古城。這座古色古香、美不勝收的中古世紀城市，城內任何角落、每一棟建築都是活生

生的博物館。從高處俯視，像一幅色彩艷麗、拼湊巧妙的彩色地毯。9600 條錯綜複雜、像迷宮那般狹窄石板街道，躂躂馬蹄聲，偶爾傳來幾聲趕路人的吆喝或驢子的嘶鳴，號稱「世界最容易迷路」的古城，千塔萬戶，一派古都萬種風情。

埃班哈杜是一座就地取材，用泥磚依著山勢築起城牆和房舍的古城，城外有一抹珍貴的淺水清溪，遠遠望去，古城最頂端的那座三、四層高的塔樓就像沙漠裡的燈塔，給往昔沙漠的商旅帶來希望。因坐擁高山雪水的供養，曾經發展出一套自給自足的生活機能。由於全部都是泥磚建築，容易被雨水沖刷溶塌，保存不易，城內有許多摩洛哥傳統造型的方柱型塔樓崩塌嚴重，這塊富饒濕潤綠洲，同樣受世界級電影導演的喜歡，《阿拉伯勞倫斯》、《神鬼戰士》和《尼羅河寶石》……等多部電影都曾將它入鏡。

馬拉喀什古城是摩洛哥南部綠洲城市，係第四大城。全部市區建築都漆上紅色，故稱「紅色之城」，曾是摩洛哥四個皇朝皇城，人文氣息特別濃厚，有「南方之珠」之稱。古城市集像其它古城市集一樣，人潮川流不息。五花十色香料攤位、琳瑯滿目的橄欖鹽漬物攤擺放非常整齊，讓人垂涎，幾家肉攤還吊掛著整個駱駝頭和羔羊頭，是另類的民俗奇景。舉凡國際性會議都在此舉行，例如今年第 22 屆聯合國氣候變遷綱要公約就在此舉行，台灣也有派員參加。超大的廣場一向人山人海，許多民間技藝表演，幾個世紀以來從未間斷。乘坐四輪馬車回旅館，離開舊城區，馬車竟能在車水馬龍的街道逍遙，一路上我可以聽到現在與古典相互的對話。

馬扎甘古城是十六世紀葡萄牙人佔領時修建的要塞。城牆和堡壘很厚可供兩部汽車併行，因建在海邊，景色特別優美。站在

古牆上，海鳥翱翔，海浪拍擊著城牆，我很清晰聽到古城與海浪彼此之間的呼應。街道比前幾處寬闊。比較奇特的，有座世界唯一一座五角形的（教堂）叫拜塔（另一座則是已被改為飯店的聖母升天教堂），城內還有座有文藝復興風格的地下儲水所，採曼奴埃晚期哥德式建築，可媲美土耳其伊斯坦堡地下皇宮，規模雖然小一點，但有它自己的功能及風格，是值得一探究竟的特殊景點。

　　到摩洛哥旅遊確定是「一種異次元的空間探索」，迴異多變自然風貌、完全陌生的語言和北非風情、不同色系和風格的城牆和古堡、保持原汁原味的舊城區，在沙漠荒原踽踽而行的駱駝隊伍，無處不流露摩洛哥先民流落荒漠、用韌性和毅力所營造出來的美好，以及用他們的傷痛和生命所換取來美麗的山光水色。特別是被聯合國文科教組織列入世界人類文化遺產的舊城區，幾乎原封不變那種歷久彌新的庶民生活方式和環境，讓我們這些生活在物慾橫流社會、價值觀錯亂的外國旅人，還能千里迢迢來到這裡，欣賞到他們的熱情和善良，那種感覺就像第一次吃到這兒的仙人掌果實、能夠細細地品嚐出它的香甜，也像初次經驗當地以朝鮮薊當菜餚、能夠慢慢地咀嚼出，它基部那一小撮果肉的鮮嫩和芳香。

筆與劍的對吟

有取有捨的人多幸福，寡情的守財奴最不幸

（塔吉克 / 杜尚比）

　　為了進入塔吉克的首府杜尚比（Dushanbe），我
們在漫漫的黃土路上搭車花了近十三小時，由烏茲
別克的撒馬爾干經塔梅茲，然後穿越烏塔邊界，又
在兩國邊防苦熬了近三小時，辦理出入境手續，才
進入塔吉克境內的。本來不是很長的旅程，竟然像
咫尺天涯，只因為當時烏塔兩國關係有點緊張。

　　塔吉克斯坦（Tajikistan）是位於中亞東南部的
內陸小國家，地處天山山系、阿爾泰山系和帕米爾
高原之中，境內有一半土地在海拔 3000 公尺以上，
素有「高山國」之稱。環抱的群山上幾乎都是冰川
和積雪，融化時，形成了條條奔騰不息的河流，提
供了豐沛的水力發電資源。我們去的時候，剛巧一
座世界第三大的水力發電廠正在塔吉克河川上游大
興土木，因此惹毛了烏茲別克當局。

　　首都杜尚比是一座極度綠化、無煙無塵的現代
化城市，大馬路縱橫交錯，兩旁的街樹鬱鬱蔥蔥，
天空一片蔚藍，白天晴空萬里，夜晚星光璀璨，一
點也看不出剛走過 1990 年代的內戰，殘破頹廢、才
開始復甦的模樣。它儼然以中亞明日之星的姿態，
逐漸在展露頭角。佔地近百英畝的魯達奇公園，四
周被總統府、國會、外交部和建築雄偉藏書五百萬

冊國家圖書館圍繞著。園區內草木扶疏，奇花齊放，四、五十座大型噴泉全天候噴湧七、八米高的水柱，氣勢如虹，夜晚時還打上多彩燈光，絢麗多彩，風情萬種。也真難想像它僅是一座國民年均收入不到一千元美金的國度。

這座代表國家門面的魯達奇公園和撒曼尼廣場，係依他們九世紀的詩人魯達奇（860-941）和盛世國王撒曼尼（874-999）的名字命名，具有特別的意義。紀念塔下的詩人的雕像與正門那座高聳紀念塔下的國王英姿遙相呼應，相互映輝，彷彿刻意在營造一幕「筆與劍的對吟」，或是一種對「國家未來憧憬」的期待。據當地導遊介紹，在杜尚比的另些重要角落，豎立有其他二個詩人艾尼（1878-1954）和圖爾松扎德（1911-1977）的紀念碑。政府計劃從百姓日常生活中，去培育他們的教養和素質，用以推動這個小國家的文化。他們崇尚智慧、尋求國家莊敬自強的堅定意志，其用心實在令人感動。

詩人魯達奇自幼失明，但天資聰穎，八歲即精通可蘭經，稍長周遊各地，見聞豐富，一生充滿對勞動人民的愛，謳歌理性和善良，所著詩集近 100 卷，多達 130 萬行，包括頌詩、四行詩、抒情詩和哲理詩等，他曾經說過：「有取有捨的人多幸福，寡情的守財奴最不幸。」被公認是塔吉克波斯文學的奠基者。杜尚比屬於 Khissa 谷地的範圍，古時絲綢之路必經之地，所以當時各種人種和宗教雜陳，從他們的國家歷史博物館內，珍藏那尊中亞唯一泥塑臥佛佛像，以及印度教濕婆神的石雕，便可以多少了解他們歷史走過的那些軌跡，走在杜尚比街上，看到的儘是俊男美女，也就不足為奇了。最近有大陸媒體報導，一位留學中國的塔吉克畢業生，有機會留下來工作，他卻選擇急著回國，箇中的道理不就很清楚了嗎？

中世紀的中亞櫥窗 —— 布哈拉

因有完整的遺留而可貴，因保持昂揚的姿態而迷人

（烏茲別克／布哈拉）

　　中亞五國當中不乏古昔絲綢之路的重鎮，單就烏茲別克來說，塔什干、撒馬爾罕、烏爾根奇、基瓦、浩罕、費爾干納和布哈拉等地方，都有留下了不少令旅人津津樂道的遺跡。不過，比較上我個人還是比較嚮往和鍾愛布哈拉，只因為它經過好幾個不同世代的更替和異族統治而仍能保有「完整的遺留」。沒有老藤的攀爬去襯托它的蒼老，卻有古磚印記它的千年滄桑。既看不見任何頹屋殘牆，亦看不見它向前的跨步，有任何的蹣跚。

　　像其他中亞古城一樣，依然是一片土黃色色系的景觀，且擁有一副歷久彌新的模樣，任誰也不相信它是一座已有 2500 年歷史、歷經過波斯帝國、突厥喀喇漢王朝、蒙古成吉斯汗、帖木兒帝國、布哈拉汗國和蘇聯統治過，而且絕大多數的百姓說塔吉克語，卻屬於烏茲別克的一部份。

　　總體來說，論空間的氣勢和時間的韻味，還是要數布哈拉舊城區的波麗卡龍古建築群。布哈拉因有最完整的遺留而可貴，又因每件遺留都保持著意氣昂揚的姿態而迷人，它是中亞地區最完美無缺、中世紀城市建築的典範，至今仍保持當時的佈局。單以阿爾卡禁城那種渾厚樸實、龐大古錐，每隔十

來米便有一座像保齡球瓶的基座的身影就夠懾人心弦，是集中亞地域上土黃色建築的所有風采。夏宮、鐘塔、回教大寺院、塔克圓頂、伊斯坦寺、布爾曼邁尼陵墓（布哈拉帝國皇帝）、各級神學大學群、建於 1127 年的卡揚尖塔、十六世紀建造的穹頂市集、雅克城堡……等等，無論以景觀造型和內部陳設，概留古色古味，它不僅是一處露天的歷史博物館，無疑是集穆斯林各時代清真寺和神學院優秀建築技術之大成。

　　遊布哈拉首先要看古城牆和城門。布哈拉古城分內外牆，外牆面積達 72 平方公里，當時共有十一座城門，現存只剩下四公里長。目前土坯的牆體外大以烤磚裝飾，牆基寬厚支持牆體結構的牢固，因歷代都在原本的基礎上加建，層層疊疊地不斷增高，又因土坯的凝結力較差，以致牆體愈建愈高愈厚，甚至形成山上城堡（最高達十八米），現存的高度有十一米，寬度超過四米。目前，內牆阿爾卡禁城仍保持完好，它是歷代布哈拉統治者生活和工作的地方。

　　相較於土耳其伊斯坦堡聲名遠播的大市集，布哈拉尚存的穹頂大市集更適合《天方夜譚》中〈阿里巴巴與四十大盜〉故事中所描述的場景。單單市集上面那些圓形的穹頂，似乎隱藏著多少神秘的氣氛，給予遊客無限的遐想和想像空間。很可以想像在那遙遠的年代，滿載貨物駱駝商隊從各方湧來、市集裡裡外外、大街小巷擠滿各色（包括宵小

和強盜）人潮的盛況，那才是傳說中故事發生的所在。黃昏的時候，Khanaka 與 Madrassah 兩座古老的神學院會被打上藍色的光，面牆的瓷磚彩畫即映現迷人的幻影，正門的頂端映現兩隻飛翔的鳳凰圖像，還有個人臉的太陽圖形，有幾分撲朔迷離的神秘，非常中國，與一般穆斯林的圖騰大異其趣。

　　旅行家常把這個陌生而遙遠的古都喻為「傳說之城」、「智慧的布哈拉」「博學的布哈拉」、或「藍色夢幻的古都」，當你有機會親臨其境，當那些大大小小的藍色穹頂以及以藍色為主的宮殿寺院和釉面牆壁，深深抓住了你的目光，震撼了你的心靈，還有那些在路上和市肆裡巧遇的各種當地的百姓，從他們那謙和親切、彬彬有禮的態度，你才能了解為什麼那片黃土色的大地，在你午夜夢迴的時候，會換來聲聲藍色夢幻般的呼喚。

古典和現代的傳奇
惟有「技術力量與自然和諧共存」人類方能持續發展
（德國／漢諾威）

　　一座動見觀瞻的城市都有屬於它自己的傳奇。德國漢諾威不但留有古典政治的渡海傳奇，還為世界譜寫了一頁工業發展坐標的傳奇。由於古時候王室聯婚的關係，漢諾威曾出現了多位的英國國王，共主邦聯的體制還維持了好幾世代，而且代代繼承。二戰末期，漢諾威慘遭聯軍轟炸，幾成廢墟。在英軍佔領時，舊情未泯，重建的路上，極力為它推拉了一把，就在一處輕合金工廠的舊址，舉辦工業博覽會，一時受到舉世矚目，演變到現在，竟成了世界各重要工業發展趨向的座標。

　　自 1947 開始，全球最大信息技術展覽會以及工業博覽會每年都如期在漢諾威舉行，經過半個多世紀的不斷發展，加上有專門展覽機構的運籌營運，如今已成為全世界規模最大的工業盛會，每年吸引來自全世界五、六千家廠商爭相參展，接待觀眾達 20 萬人次。巨大的成功彷似受到神祇赫爾墨斯（希臘神話中掌管市集與交易的神）的庇佑。著名展覽公司就以祂作為圖騰。而且 2000 年，漢諾威還舉辦本世紀第一個國際博覽會 。它以「人類、自然、科技」為主題，並揭示「可持續發展」的原則，即所謂「技術力量和自然和諧共存」的理念，廣為國際社會所接受。在全球化

和信息化的時代，漢諾威的一舉一動，儼然動見觀瞻，獨領風潮。

　　那一趟，我到漢諾威是應當地知名板金加工機械廠 TRAMP 的邀約，去參觀他們的工廠以及工業博覽會，旅遊算是「一兼二顧」罷了。不過，漢諾威雖是德國工業製造高度發展的城市，是汽車、機械和電子等產業和展覽公司的中心，旅遊業也不遑多讓，歐洲最大旅遊企業途易（TUI）的總部就設在這裡。中世紀的古蹟，森林公園、各種完善旅遊景點和設施，各種不同劇院和博物館和一家世界一流的歌劇院，也正帶領它的第三產業朝向蓬勃發展。

　　如果能夠多挪用一點時間，像我們那趟的經驗，到海恩豪森花園走走，享受一下德國少見又保存完好的巴洛克園林的氛圍，看看名家的雕塑和中央高 82 米的大噴泉。隨後又到綠草如茵、花團錦簇、一派鄉村風光的馬獅湖畔散散步，真是一大享受。走累的時候，就近找家餐館，來杯生啤酒，大啃德國豬腳和香腸，大快朵頤，也是不錯的享受。

　　一個進步文明的都市就該像漢諾威一樣，雖說是生產基地、卻能保持一塵不染，且洋溢陣陣藝文和田野的芳香，即便是他們工作的廠區，乾淨整潔舒適得像藝廊一樣。在幾乎自動化的崗位上，工作成員穿著整齊乾淨的衣服輕鬆工作，猶如在咖啡廳用心品嚐美味的常客。怪不得漢諾威雖是現代化的工業城，卻依舊保持著「一個極有彈性的感性意象」。

戀戀布達佩斯

幸福的情愛是一種甜蜜和苦澀的極妙平衡

（匈牙利／布達佩斯）

　　年輕的時候，曾經遊歷布達佩斯，感覺上，卻好像是剛從那裡回來一樣。我印象中的布達佩斯，在東歐的世界裡算是座開風氣之先的古城市。記得那一趟，我們是住在多瑙河中的瑪格利特島上、一家附設有溫泉的高檔旅館。在那裡我經歷了生平唯一一次有了男女共池裸湯的尷尬經驗。返台的時候，我特別在某報章副刊上發表過一篇名為「解凍的東歐」文章，記得裡頭有句我常自鳴得意的句子：「這裡沒有黛安芬，也沒有華歌爾，只有很多名字叫做伊隆娜的女孩。」

　　布達佩斯是匈牙利的首都，位於匈牙利的中北部，坐落在多瑙河中游的兩岸。河的上游是山區，流水從這裡進入大平原。它的古蹟和名勝幾乎都分佈在河的兩岸，因處斷層帶上，所以有許多溫泉。布達佩斯早先是遙遙相對的兩個城市，後經幾世紀的擴建，在西元 1873 年左岸的布達才跟右岸的佩斯合併成今日的模樣。

　　不曉得是不是這座城市的名字充滿詩意，也不曉得是否是城市本身的組合容易讓人產生聯想，不然，它不就也像許多歐洲的古城市一樣，都有恢宏的古典建築，有浪漫人文氣息，有特殊歷史的傳統和清新的田野風光，怎麼只有布達佩斯常會不經意地勾起旅人的往日情懷？或許是小約翰・史特勞斯那首優美動聽的《藍色多瑙河圓舞曲》容易催人陷入一種夢幻的情景，然而，它的曲調是那麼華麗高雅，怎麼可能老引起像我這八十歲老人，心

中這股憂鬱的浪漫，或是浪漫的憂鬱呢？

　　搭船遊多瑙河就像在瀏覽一首抒情的詩歌，我們是從伊利沙白橋旁的七號碼頭搭船出發，開始那趟「東歐巴黎」、「多瑙河明珠」之旅。自由碑和城堡矗立在西岸的岩巖上，下邊是桑納爾宮（總統府），東岸有英雄廣場、各種博物館、藝術館和漁人堡，許多古色古香的建築錯落其間，綺華無比，整個態勢有點像布拉格。漁人堡遊客如織，據說是年輕人最喜歡留下他們初吻的地方。有九座造型各異的大橋連接布達和佩斯，其中，塞切尼鏈子橋是第一座橋，也最負盛名，它的兩頭各有一對碩大威猛的獅子雕像，是 1850 年匈牙利設計師亞諾士所設計建造的。鏈子橋是布達佩斯的標誌，因為有迷人的視野，許多遊客喜歡待在橋上流連忘返，傳說情侶攜手在橋上散步十五分鐘，會帶給他們幸福。另外，有「世紀末的華麗」之稱的安德拉林蔭大街，那些新文藝復興、富麗立面的宮殿和房子，也會讓人逛後，腦海老湧進一股戀戀的情懷。

　　近期，我在網路上看過的一部老電影《布達佩斯之戀》，拍攝的背景，就是這座精緻而又浪漫的城市，尤其是那條深具歷史性的鏈子橋，以及當地男女最喜歡在那邊談情說愛的瑪格麗特島。故事的情節就是描述三個男人同時愛上一個女人的悲劇，主題曲《憂鬱的星期日》甜蜜而苦澀，就像電影的主題一樣。再度翻閱以前遊布達佩斯的旅遊札記，終於發現原來布達佩斯是一座容易激盪和攪動旅人情感的城市。受激盪和被攪動過的感情會使人覺得年輕，就是這樣的情愫讓人容易緬懷起年輕時戀情、亦容易讓人老回想起布達佩斯這樣「浪漫而憂鬱、憂鬱而浪漫」的許多場景來，而且才深深體悟到所謂「幸福的情愛是一甜蜜和苦澀的極妙平衡」。

茶鄉的不速之客

天涯若比鄰，他們也是咱的兄弟喲

（印度 / 大吉嶺）

　　像漂鳥一樣，自職場退下來之後，我和我的老伴便隨著兩位孩子、四位在美國唸書的孫女腳步，浪跡兩岸和美國各地。去年在紐約、華盛頓州的 Bellingham 和西雅圖，一待就是半年，今春則落腳在福建武夷山的茶鄉。在台灣閒來無事的時候，我喜歡開著車子，陪老伴往日月潭、溪頭鹿谷一帶的山區茶園轉悠。我對那些翠綠梯田狀的茶園景觀特別情有所鍾，尤其對印度大吉嶺那層層疊疊、一望無際、終年被喜瑪拉雅山皚皚群峰環抱的紅茶茶園，印象特別深刻。

大吉嶺位於平均海拔 2134 公尺的喜馬拉雅山脈的加拉帕哈爾山區，原是英國殖民官員和印度王公貴族避暑的勝地。由於高海拔又處避風山坡，一年四季似乎都淹沒在煙霧繚繞、縹緲的雲海中。因為雨量充沛，日夜溫差大等特殊條件，使它成為一處充滿芳香和有山川靈性、世界數一數二的頂級紅茶茶鄉。拋開歷史上與尼泊爾、錫金、不丹和孟加拉的糾結不說，它現屬印度西孟加邦的一部份，人口約十一萬人，不包括每天湧入的二到三萬的觀光客。除了特殊茶園勝景之外，高山登山訓練中心、世界惟一保護和飼養喜馬拉雅山瀕臨絕種動物的專業動物園、和已名列世界文化遺產的蒸氣高山火車，都是難得探訪的景點。

　　高山訓練中心附設的小型博物館，展示歷年登上世界最高峰珠穆朗瑪峰的英雄榜和當時他們攻頂的配備，門口廣場樹有尼泊爾第一位成功攻頂登山家的雕像。動物園有不少稀有動物，像比黑面琵鷺還稀少的黑頸鶴，一種頭像馬、角似鹿、蹄如羊，尾似驢、其體型介於牛和羊之間，看了讓人嘖嘖稱奇的羚牛。而高山火車自 1881 年開始，經年累月就穿梭在重重山巒中，直到現在，它連結了山區和平地，工程浩大，搭乘的經驗夠新奇，而且值得再三回味。

　　紅茶茶園是大吉嶺的命脈和特色，種茶的雷布查婦女更是大禹嶺最美麗的風景。她們的打扮和採茶工具都非常有地方特色。大都身穿紅底繡花的民族服裝，把採茶茶筐子的帶子勒在額頭上，以頭代肩承擔數十斤的重量。七、八位一小組，分散在茶園勤奮地工作，

遠遠望過去，猶如在綠色波濤間，載浮載沉、緩緩移動的簇簇輕舟，非常迷人。

雷布查人原是大吉嶺原住民絨巴族，主要分布在錫金、不丹西部和尼泊爾東部，是少數又少數的民族，說著自己的語言，有著自己的傳統文化和生活方式，是茶園勞力兵團，住在像貧民窟簡陋的棚屋中，自成小小的聚落。我們那天去參觀茶園的時候，剛好遇上他們園區內有對新人結婚，我們因好奇，一湧而上跟著湊熱鬧，哪曉得會變成他們婚禮中受到歡迎的不速之客。他們的婚禮很簡單，一對新人脫下工作服，換上一套鮮豔的衣裳，有稍微穿戴了些金飾，就站棚屋下接受各方來親友的祝福。喜宴像流水席，每位客人的桌上攤放一張香蕉樹葉，沒有任何瓶瓶罐罐，刀叉碗碟，兩位接待的成員，一位提著飯桶給客人在葉上填飯，另一位提著肉煮咖哩幫客人淋上，就這樣用手抓吃了起來。雖然素昧平生，主人頻頻勸食，熱誠感人。

體驗旅途中的奇風異俗、了解當地生活方式和文化是種難得的際遇和經驗，像這樣的奇遇有點突然，因為大夥兒太興奮，只管興高采烈跟著投入當時的情景，根本就忘該有的「禮數」，用完餐，打了聲招呼，拍拍屁股就走人。好像是在台灣參加親友的喜宴一樣自然，真是天涯若比鄰，他們就像是咱的兄弟嘞。最近，有報導「印度後院起火，茶鄉大吉嶺平和靜謐的田園不再」的消息頻傳，世事難料，還真的讓人為大吉嶺茶園那些兄弟的命運擔心起來。

達卡連貧窮都是鮮艷多彩？

活著只剩下求生的念頭，那絕對是人類生存的最深層的鍛練

（孟加拉／達卡）

　　台北到不丹的最佳航線是搭新航，經新加坡到孟加拉達卡，再轉乘不丹航空到帕羅。由於接駁航班的關係，所以我們才有機會在達卡逗留了幾天，順便作了短暫的觀光。雖然有依慣例，給了當地移民局官員小費，他們也很客氣而且熱心地在幫忙處理相關手續，然而櫃台前的人潮黑壓壓一片，不曉得他們在忙些什麼，花了近三、四小時才完成落地簽證出了關。走出機場，還沒聞到、看到泰戈爾在《金色的孟加拉》（孟加垃國歌）詩句裡所描述的撲鼻芒果香和一片金黃溫柔的稻谷，目光所及，遍處破舊髒亂、人滿為患、衛生條件差、貧窮落後、生活環境惡劣到令人怵目驚心的景象。嚴格說起來，達卡作為一個國家首都，尚不具備提供國際普羅大眾觀光的條件。

　　見不到名山大川和古蹟名勝，僅有的幾條交通號誌不很靈光的大街，幾乎擠滿全世界各地所廢棄的各種車輛，沒窗沒門的公共汽車塞滿乘客，險相環生。還有數不清爭奇鬥艷的彩色三輪車競相爭道。大街小巷站滿舉止茫茫、不知所措的人群，像蜂窩裡外的工蜂忙得團團轉，擺在他們眼前的，好像只剩下一個求生的念頭，我認為那絕對是人類生存最深層的磨練。

　　其實，達卡是印度蒙兀兒王朝最東方的重鎮，它繁盛的過去僅次於孟買。由於歷史、政治、宗教和種族諸多不確定的變數，影響它近代的發展，一副破落戶般的窮酸模樣。不過，當我們走過它的城北和城中，才發現古城區的 Shankharis Bazzar 並不能代表整個達卡。我們才深深體會到為什麼日本作家三島由紀夫會在

他的作品《印度書簡》說孟加拉「連貧窮都是鮮艷多彩」的理由。

城中區的達卡大學有一百五十年的歷史，一排排長長紅色、混合歐洲和蒙兀兒建築風格的古老校舍，是培育這個國家世代傑出人才的搖籃。國家博物館和自由戰爭博物館都在校區內，市中心北邊有座地標性的國會，是由著名美國建築師 Louis Kahn 所設計，學校南面是有孟加拉泰姬瑪哈陵之稱的拉爾巴格城堡。古都索那貢留有不少傳統特色的建築，在英國殖民時代，是商賈雲集的聚落，平時也都有他們本國的民眾參訪。幾天來，我們從城內遊走到城外，所遇到的孟加拉人都很熱情善良，他們似乎對黃皮膚的東方人特別感到好奇，我們所到之處，常被邀請合照留念。值得一提的是有一對母子，還一路從古都跟我們到另個景點，她們只是想跟我們多聊一下下。

那位女士是位大學教授，先生是科技界的工程師。她說她生活在這對外近乎閉塞的國度，對於新近陸續出現的外來觀光客特別好奇，也對外面陌生的世界充滿嚮往，知道我們來自台灣時，她告訴我因為先生的工作關係，對台灣特別熟悉。當她聊到目前國家和自己的處境，就像那些在達卡大學遇到的大學生們一樣，很樂觀表示一切都會過去的。她還特別指著那些五顏六色的三輪車調侃自己說，「窮一點沒關係，因為窮也能窮得漂漂亮亮」。

當然，達卡絕不是孟加拉，金色的孟加拉在靠近印度東邊的平原，在富有堅韌不拔生命的孟加拉子民心靈的深處。對大多數的台灣人來說，也許貧窮不是一種罪惡，然而在個體自由、體制民主、社會安定的情況下，整體社會的意識已經只傾向消費和遊戲，如果告訴他們說孟加拉「連貧窮都是鮮艷多彩」，我很懷疑真會有人相信？

穹頂琴聲

教堂即使不是天堂，應該算是最靠近神的所在

（冰島 / 雷克雅維克）

　　在歐洲旅行，我發現教堂往往是每個城鎮的標誌。它們象徵歐洲各區域歷史、文化和藝術的縮影，而且是興衰變遷的見證。因為具有這些特殊和重要的背景，許多大教堂就成了遊歐旅人必訪的勝地。旅客當中，當然會有人對歷史文化感到興趣缺缺，或許，也有人根本沒有什麼藝術細胞，不過教堂外觀恢弘的氣度，偉岸的身姿，再加上內部令人眼花撩亂的彩繪玻璃和精雕細琢的廊柱，那種壯觀又細膩的建築之美，就夠吸引人們驚艷且無法迴避的目光。

　　像梵蒂岡的聖彼得大教堂、威尼斯的聖馬可大教堂、巴黎的聖母院及德國的科隆大教堂，在世界建築史上都享有崇高的地位。它們的構建是窮建築師畢生的心血，動工時程動輒就超過百年，比如西班牙巴塞隆拿的聖家堂已蓋了一百年還在蓋，而科隆大教堂前後就花了六百多年，真是令人匪夷所思。有位君士坦丁大主教曾說：「教堂是塵世的天國，神在這裡生息活動」，他立論的憑藉莫衷一是，也許是在指一般歐洲哥德式老教堂高大拱型的穹頂、繁複的尖塔、繽紛彩繪玻璃所營造出來的飄然欲升的神秘宗教氛圍；或是在指那些蕩魂儡魄的繁複尖塔，和穹頂與尖塔間的「上層空間的存在」，而那空間就是他所說的天國。倘若只有那些古典教堂的建築風格才合乎神的旨意，那麼像冰島雷克雅維克大教堂，根本就沒有任何華麗繁複和精雕細琢的裝飾，只有一字排開像管風琴狀、豎立的混凝土條，難道就當不了上帝的殿

堂？

　　雷克雅維克大教堂由上世紀最重要先鋒派建築師 Gudjon Samuelssen 所設計，1949 年開始動工，直到 60 年末才初步建成。它的外觀幾乎是純白色，融合了後現代主義建築的簡潔輪廓和哥德式繁複的線條。主塔立面像一座管風琴，兩翼以舒展平緩弧形向中間集中，然後坡度猛然往上陡峭起來，直到在 72 米主塔高處，會合於一個精巧的十字架，有人說它設計的靈感來自火山爆發後的熔岩形狀，有人說是蓄勢待發的火箭。冷峭而又單純的設計分明是代表北歐維京人自行其是的自由和傲然的民族性格。依據我兩次去冰島，從它的北部、東部到南部，環遊全島所見所聞的經驗推斷，它應是師法大自然的產物。白色象徵冰島一望無際的冰原，那些多褶的立面則是象徵南部黑色海灘旁的玄武岩石林，建築師不以人類所謂的文明去雕琢自然，而是以自然方式來彰顯自然的美，它一氣呵成的氣勢和奇幻的造型完完全全顛覆了歐洲傳統教堂的形象。

　　雷克雅維克大教堂不僅是外觀壯美偉大，內部的結構更令人嘆為觀止，三十多米的主廳頂部，層層疊疊密布著線條優美的尖拱，把音效收放得特別美好，整體的氛圍在視覺上很容易激勵教徒的信心，去相信天堂就在教堂上端的不遠處。搭乘電梯上 72 米高的穹頂，可以俯瞰整座城市，因為沒有高樓相對比，教堂主塔如臨天際。站在上面，凜凜然，彷彿有雙看不見的手，輕輕撩撥著管風琴的琴鍵，一陣一陣像來自天際的琴聲，揉合了從海灣吹來的風，從身邊悠揚而去，那種感覺讓人感到無比幸福，我心想那兒即使不是天堂，應該算是最靠近神的所在。

附記：整理完這篇文稿的翌日，即 2019/4/15，巴黎聖母院遭遇空前大火，受損嚴重。法國總統馬克龍把這災損的嚴重性喻為「法國的一部份付之一炬」，可以想見巴黎聖母院在法國人心目中所佔的重要地位。

笑聲和淚痕

戰爭可以改變並放大人性，不管是好的或壞的

（波蘭 / 華沙）

　　華沙是一座非常現代化的綠色城市。初去的時候，很難相信，它是隻從被蹂躪後的焦土裡、浴火重生的鳳凰。二戰的時候，華沙幾乎全部被摧毀，整個城市有高達百分之八十五的建物幾乎被摧毀殆盡，所有富麗堂皇的古典建築、博物館、圖書館和所收藏的文物，也幾乎蕩然無存。現在的華沙是戰後靠著波蘭人堅強的意志和毅力，打破「百年不能重現」的魔咒，才得以復原過來的風采。

　　許多旅多人都認為會到波蘭無非是衝著奧斯威辛集中營，會到華沙則是衝著它的古城區而來。看過奧斯卡金像獎名片《辛德勒名單》的觀眾，應該會對故事中那根冒著濃煙、飄散片片的灰燼、而且還彌漫著惡臭的煙窗感到迷惑，它是二戰時德國納粹奧斯威辛集中營裡頭、大規模的綜合滅絕設施之一，那濃煙就是焚燒百萬猶太人屍體的黑色塵霧，裡頭濃縮著有太多太多波蘭人的的血淚和苦難。

　　奧斯威辛集中營全名為「奧斯威辛－比克瑙德國納粹集中營和滅絕營」，座落在波蘭南部離古都 60 公里處。規模很大，有 40 平方公里，分三個主要營區和 39 個小型勞動營。其內還設有 300 棟木排屋、刑場、毒氣室和化學實驗室，主要是進行殺害猶太人，或讓收容者進行嚴苛工作（挖煤、生產水泥和橡膠）、集體處決和人體實驗的場所。在這裡被殺害的達 110 萬人，其中大部分是猶太人。

現在的華沙高樓林立，車水馬龍，不但擁有像倫敦和巴黎那樣美麗的天際線，到處是公園，綠茵蔥蔥的大街如同維斯瓦河流淌的支流，綠色草坪和無數的小花壇星羅棋佈，一派浪漫和從容。走進舊城區，很容易就沉緬在那些廣場、道路、教堂和城堡所營造出來、古老又年輕的時空氛圍內。這些承受沉重歷史重量、經過重建恢復的古典建築，更壯麗，更恢宏，不但不失韻采，依然充滿人文之美，新舊和諧融合一體，很適合讓旅人細細地品味。業務之外，少不了會由當地的客戶陪往克拉科夫、奧斯威辛集中營和華沙的古城區參觀。

另外，聖十字大教堂埋葬有自喻為「遠離母親的波蘭孤兒」的音樂家蕭邦的心臟，加上國人比較熟悉的哥白尼（天文學家）、居里夫人（科學家）博物館，還有別樹一格、昂首挺胸的美人魚雕像（左手緊握盾牌、右手高舉利劍）都是觀光打卡留影的好景點，特別是德國總理維利‧勃蘭特在猶太人隔離區起義紀念碑前的「華沙之跪」，深具歷史意義，給了我很深刻的印象。

狂熱盲目的信仰常使真理蒙塵，野心的政客總是以混淆善惡為背景、以精神麻木為代價，破壞我們平靜的社會，「戰爭可以破壞和放大人性，不管好的或壞的」，戰爭會使人性走樣。然而可以肯定的是，歷史的怨恨終會透過互訪慢慢地消失，儘管華沙的容顏還一直懸掛著笑聲和淚痕。西元 1979 和 1980 年，聯合國科文教基金會分別把奧斯威辛集中營遺址和華沙舊城區列入為世界文化遺產名錄，前者警示「世界要和平，不要戰爭」的宗旨，後者則在彰顯「人類堅毅不拔，克服艱難」的精神。

轉位的向日葵
沒有比愛一個人更真的藝術

（荷蘭 / 阿姆斯特丹）

　　做為一個旅人，比起義大利的威尼斯，我更喜歡荷蘭的阿姆斯特丹。威尼斯背伏的歷史包袱太重，顯得有點老邁，阿姆斯特丹則是非常陽光、非常亮麗。同樣每天都湧進了成千上萬來自世界各地的遊客，阿姆斯特丹應對的機能和步調較能符合現代簡便輕快的節奏、以及更能貼近當地人的實際生活。

　　同樣是「因水而生、因水而美和因水而興」的水都，阿姆斯特丹長達一百公里的運河水道，有著千百座各具特色的橋樑連接了近百的小島，但它不像威尼斯，除了水道還是水道，緊跟著它河岸的精緻道路，加上最完善和最普及的腳踏車專用道，選用不同的旅遊方式，在整體都會的的風景裡，遊客就可以隨意變換自己想扮演的角色。阿姆斯特丹整個城市呈半圓形，以火車總站為中心向外延伸，由三條主要運河紳士運河、皇帝運河和王子運河構成環繞市中心，是世界上獨一無二的精華運河帶。搭乘透明玻璃窗頂的遊艇，盡覽河岸兩側鱗次櫛比的 17 世紀山形牆建築，斑斕華麗又不失歷史感。運河私人船屋上裸曬的男女，每戶住家架上的盆栽和門前刻意修飾的景觀都是風景。尤其在傍晚華燈初上，或是黎明破曉時，靜靜地觀賞河面的倒影，絢麗多彩，美得就像後印象派畫家的畫作一樣。

　　博物館之多也是這座被喻為世界「憋屈之都」（雖名義上是首都，卻非全國政治的中心）散發藝術魅力的強項。光是博物館廣場就聚集有梵谷博物館、國立博物館及市立博館等等。其中橢

圓形造型，讓人驚艷的梵谷博物館最受國人歡迎，在館內收藏有梵谷四分之一的作品，包括他創作黃金時期最珍貴的作品200幅、素描幾百件，還有他所留下的書信，有機會親睹幾幅梵谷《向日葵》真跡，遠勝過日本北海道北龍町百公頃的向日葵花海。

向日葵對於梵谷來說不只是一種花，還是他生命的象徵，他慣用短粗的筆觸把向日葵黃色畫得很刺眼，每朵花像燃燒的火把，花瓣和葉子如同他狂熱激情的火焰，佈滿整個畫面。他曾說：「沒有比愛一個人更真的藝術」，在被廣泛認為一共只有7幅《向日葵》作品中，梵谷透過這系列的畫作展示他對於生命的熱愛。

阿姆斯特丹一點也不老成固執，常常見到用現代的語彙和創新的素材來詮釋對「美的堅持」。國立博物館前廣場上有座用幾個英文字母「I amsterdan」排成的雕塑非常醒目而充滿創意，它已成為世界各地遊客和當地人合影的地標建築。倘若選擇旅遊的時節不對，沒有機會去庫肯霍夫花園，徜徉在那五顏六色的浪漫鬱金香花海裡，不妨結伴走一趟全球最大、最知名的合法風化區，無償觀賞半裸櫥窗女郎，她們像路邊的野花，花枝招展，挑逗你的慾念（切記不可拍照），不然就拉下假道學的面具，逛逛性趣商店或有異國風情的咖啡店，也是一種不錯的經驗。

面對世界各國政府避之唯恐不及的社會問題，諸如毒品、同性結婚、性交易、安樂死等等，別人最忌諱的負面影響，阿姆斯特丹選擇攤在陽光下，勇敢面對，就如同梵谷喜歡挑用純淨的黃色宣示對生活的渴望。做為一個自由開放的國度，荷蘭人選擇鬱金香當為國花，用以表徵他們對自由和幸福生活的不懈追求。荷蘭不僅有鬱金香而且還有梵谷的向日葵，這兩種花都熱愛陽光，所以我喜歡把阿姆斯特丹喻為是「向陽的鬱金香」，不然就稱它為「轉位的向日葵」。

尋找卡夫卡和昆德拉

壓倒她的不是重，而是不能承受的生命之輕

（捷克 / 布拉格）

　　布拉格是座渦漩在寓言、夢幻、文學、藝術和歷史的城市。它絢麗奪目的古典景觀、五光十色的生活背景、蒸騰漫漶的藝術氣氛和蘊含血淚的發展進程，常把來自遠近旅人的身心由激盪撫慰到平靜、再由舒坦延伸到亢奮，反反覆覆地輪動，令人無法自己。

　　這座捷克的千年古都建在七座波狀起伏的山丘上，有條叫做伏爾塔瓦的大河，彎彎潺潺地流過。十幾座形態各異的橋樑橫跨兩岸。各朝代、多風格的建築包括城堡、王宮、教堂、劇院、博物館、美術館堆疊橫排，整個態勢像是神奇夢幻的童話世界。布拉格的歷史不短，迷人的景物又太多，並非一般旅人可以一時消受得了。我們只是懷著尋找兩位世界文學巨擘卡夫卡和昆德拉的心情，跟隨著他們生前的腳步，到處走走逛逛，嘗試著去體驗一下卡夫卡「以認真的變形所感受的荒謬」，以及昆德拉「對存在的詩意的沉思」。

　　連結古堡和舊城的查理大橋是座有七百

年的古蹟，也是觀光客的首選。它的兩端是帶有巴洛克式浮雕的哥德式的橋塔，兩側石欄桿上則有 30 座雕像，都是出自捷克 17 至 18 世紀藝術大師的作品，其中最有名的聖約翰雕像曾經在上海世博會展出。橋上是瀏覽整座布拉格綺麗市容的最佳地點，所以常常擠滿了人潮。

「布拉格占星時鐘」是另一個必遊的熱門景點，它是一座中世紀的天文鐘，安裝在老城廣場市政廳的南面牆上。天文鐘精美別致，上面的鐘一天繞行一圈，下面的鐘一年繞行一圈。每天正午，十二尊耶穌門徒的機械人形從鐘旁依次現身，左右各轉六尊，然後，雄雞一聲鳴叫，窗子關閉，報時鐘聲自鳴響起。鐘下如堵的遊客也算是布拉格的另一種風景，但不知成千上萬旅客當中，可有人想過那鐘聲開啟和關閉了多少悲歡離合的人生？黃金巷是城堡內一條狹窄的巷子，它原本是僕人、工人和煉金術士居住的地方，它之所以出名是因為卡夫卡出生於此、居住在此的緣故。二、三十間的小木屋被彩繪成五顏六色，發亮的石板路上常見華麗的木偶、塑膠骷髏、女巫、術士，各式流浪藝人在這兒粉墨登場。這裡是卡夫卡為人類靈魂煉金的所在，他曾說：「我的一生都關在這個小圈圈裡」。

卡夫卡博物館坐落在小城廣場的中央，館前擺著兩位相對尿尿的男人銅雕，是屬於現代文學新創的「見證」文體的表達方式，就像希臘人慣以悲劇方式呈文學一樣。館內黑色陳列廳擺著卡夫卡生平介紹、作品、書信手稿、特別是一封永遠寄不出去給他父親的長信，旁邊還置放他的工作申請書、病假申請表和痛情報告。把卡夫卡的現實生活與他小說中所描繪世界分陳並列，別有一番意義。卡夫卡紀念碑置在猶太教、天主教和新教交雜的地區，這

座《分離》雕像明顯受到卡夫卡的短篇小說《一次鬥爭的描述》的影響，引用了小說中所提到的「精神分離」。卡夫卡常以變形荒誕的形象和象徵直接的手法，表現被充滿敵意的社會、環境所包圍的孤立和絕望的個人。從博物館、紀念碑到卡夫卡墓地，所有的意象無不是在凸顯他短短生命中所體悟出的掙扎、無奈、矛盾和荒謬。

　　如果說卡夫卡構建了冷酷寓言，並蒸騰了布拉格藝術氣氛，那麼出身布拉格查理大學的昆德拉就是連結卡夫卡之後的文學的纜索，他是捷克斑斕的象徵。昆德拉的名著《生命不能承受的輕》以及改編的電影《布拉格之戀》就是以布拉格為背景，故事的情節無數次都流淌著布拉格的點點滴滴。《生命不能承受的輕》是藉著男主角周旋在二位女性之間的故事，它是一部哲理的小說，內容從永恆輪迴的討論開始，把讀者帶入對一系列問題的思考中，比如輕與重或是靈與肉，他把男女一起的快樂認為是折磨與悲涼裡的快樂，是彼此生命中甜蜜的負擔，更認為「壓倒女主角的不是重，而是不能承受的生命之輕」。

青瓷的窯燒餘韻

隱藏在窯燒裡千年的祕密，極細膩猶如繡花針落地

（福建 / 武夷山）

四百多處字跡猶可辨識的摩崖文字石刻，把整座武夷山千姿百態的丹霞地貌給增添了濃濃的人文風采。單是九曲溪岸邊陡壁上、朱熹所題刻的「逝者如斯」和其他如「第一山」、五尺見方的「鏡台」，無形中就拉大了這片秀水奇峰的歷史縱深和視野廣度。從「武夷春秋」及「柳永紀念館」牆壁上所鐫刻的朱熹《九曲棹歌》以及柳永美得令人心碎的宋詞「多情自古傷別離，今宵酒醒何處？楊柳岸，曉星殘月」的字行間，還依稀可以瞄到古代文人墨客在這山澗水邊散策的寂寥身影。

再花太多心思去描繪那些臨水的單面山、塊狀山及柱上山等鬼斧神工的景致，顯然是多餘的，因為有太多的傳媒及旅遊達人，一如魔音傳腦，已使大眾對這片美麗的山川耳熟能詳。倒是附近的「遇林亭的古窯址」尚屬新奇，或許還能夠讓人細細品味古時青瓷的窯燒餘韻。

遇林亭古窯址是目前中國最大、保存最完整的宋代古窯址之一，位於武夷山星村鎮北約五公里處，分佈面積近六萬平方公尺，被發掘出的古陶瓷涵蓋青瓷、青白瓷和黑瓷三大類，其中「描金、銀彩」黑釉瓷碗在中國乃至全球窯址中屬於首次發現。這些古瓷與典藏在日本根津美術館珍藏的同屬一類，經過考據印證武夷山乃是爭議已久的描金銀彩黑釉的原鄉，而且早在當時已經開始輸往日本。

瓷器的英文叫作 China， 它們的歷史可以說是整部中華文化

的濃縮。從商周續到明清，從平民百姓的日常用品到帝王達官的把玩珍寶，多多少少都可以看到每個朝代生活的面貌。而青瓷是瓷器中的極品，青瓷是青色釉瓷器的簡稱，入窯燒烤前，在素胚表面塗上一層氧化鐵經過氧化和還原過程所製成。而所謂青花瓷是素胚上釉前後加上彩繪，然後入窯燒成的品項之一。西元 1958年遇林亭古窯址才被發現，後經發掘清理兩座半地穴平焰斜面龍窯，其中一座長 73.2 公尺（編為一號窯），另一座長 113.1 公尺（編為二號窯），兩座寬均為二公尺，一次燒烤可達百萬件，天文般的數字，引人矚目。台灣南投的蛇窯和三義的華陶窯簡直是小巫見大巫了。

　　現在遇林亭古窯址已經被整理得像一座露天博物館，蔚然呈現一片新意。從正面一座小小的「宋橋」（宋代留下的石橋）望過去，如茵草坪上有兩個小池塘（古時製陶的水源），沿著一條鋪石的小徑，指向盡頭一座樸拙的巨石雕像，就看到一號窯長長的窯頂，居高臨下，像條下崗的蜿蜒巨龍，整個景觀清靜優美。二號窯就在一號窯附近的另一個山坡上，有段饒富趣味傳說「遇林亭」就在後面一條瀑布下，瀑布瀉下的水流帶動一座圓形的水車，情景富詩情兼畫意，是一處充滿古意和可以靜修的好地方。

　　趴在一號窯下端的窯口處，向上仰望，再凝視窯道上的古瓷碎片，2008 年周杰倫那首動人帶著柔情和古風的《青花瓷》曲調，在我的腦際飄繞不去，一句「你隱藏在窯燒裡千年的祕密，極細膩猶如繡花針落地」，頻添古窯一如人類命運的滄桑。再側身二號窯口往上瞧，周杰倫那混濁帶著幾分朦朧的「天青色等煙雨，而我等你」的歌吟，餘韻繚繞，恰似古窯的窯燒餘韻在我腦海被撩起撩落的波浪。 離開的時候，看到三位年輕的媽媽帶著三位天

真可愛的小小朋友，圍坐在草地上吹泡泡，從他們展露的陌生笑容上，我深深體會到一個社會是否繁榮進步、幸福快樂，應該可以從他們日常生活和休閒活動的細節中看出端倪。

　　當人們欣賞事物的意念從具體的形象，開始轉化為抽象的概念，或是對外界感官的刺激，開始內化成無形的感悟時，他們的素養就會往上提升，人格無形中也會再造。那幕看來稀鬆平常的家庭活動，其實是一種社會轉化的過程。因為感動，我很自然地向她們豎起大拇指，溫馨地表示我對她們的肯定。

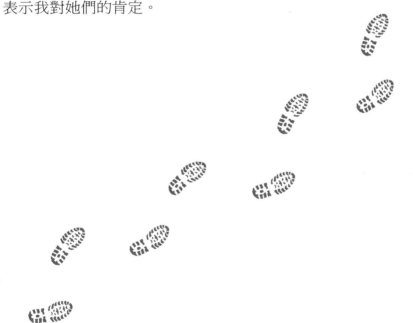

現實童話 ── 樹頂飯店

歷史的偶然常是現實童話的必然

（肯亞 / 阿伯岱爾）

　　童話的故事以虛擬的手法和象徵的意涵塑造了想像，去影射現實生活的人際關係，是人類生命過程的一種折光。歷史的偶然、或是超乎生命想像的生活巧合卻譜成了似幻猶真、亦虛亦實的現實童話。肯亞阿伯岱爾（Aberdare）野生動物保護區內的樹頂飯店，就是由一件歷史的偶然所演變出來的現實童話。

　　其實，樹頂飯店只不過是一棟吊腳樓式的樹屋，沒有富麗堂皇的外觀，內部狹小簡陋，又缺公共娛樂設施，根本談不上是間星級的飯店。然而，藉由它遠播的聲名，終年遊客如過江之鯽，一向不好訂房，它是世界上最貴的飯店之一。支撐它坐擁名利的實根植在那件「上樹公主，下樹女王」的歷史的偶然。

　　西元 1952 年 2 月 5 日，英國皇室伊麗沙白公主偕夫婿到肯亞度假，選住了這家「樹屋」。當時它的規模一如英國退伍軍人沃克原創時（西元 1932 年）的模樣，僅有三間臥房、一間餐廳加上一間狩獵室。就在那一天，事出突然，伊麗沙白的父親喬治六世駕崩，她連夜下山，繼承皇位成為女王。因有這段歷史佳話的加持，使得原本籍籍無名的樹屋一夜成名。三十一年後，女王再度駕臨度假，樹屋已非舊時的模樣。現在的樹頂飯店建在原址的對面，設在一棵巨大無花果樹幹上的客房，改由好幾根 10 米高的水泥柱，挑空支撐三層、外部包裹樹皮的木造樓房，內部沒有樓梯，只有斜坡通道，有三十三間客房，僅有二間附有衛浴設備的套房，其中編號 18 就是女王曾經住過的。

凡是到過非洲獵遊的旅人都知道，原野的生活不存在絲毫的矯情。想要呼應野性的呼喚，全部的行程得一整天都困在那部四輪傳動的吉普車上，十來天當中，千里長征，一路在坑坑洞洞、顛簸難行的黃土路上，披星戴月，橫衝直撞，每每險象環生。雖談不上餐風露宿，只少各方面包括體能和健康狀態，都受到嚴峻的挑戰。我們從肯亞安波沙里國家公園、恩格龍格羅，橫跨非洲三大動保護區（包括賽倫蓋提及馬賽馬拉兩國家公園），到納庫魯國家公園，全程興高采烈地追逐著園區內各類飛禽走獸的行蹤跑。很慶幸能夠目睹到動物大遷徙壯烈的盛況，以及滿天紅鶴的壯觀場景。每到夜晚，當遊獵激情過後，勞累困頓急待休息時，才體會到像樹屋這般的中途休息站，簡直是獵遊旅人最奢華的總統套房。

　　樹屋飯店設立的重點放在觀賞野生動物活動，所以每間客房和二樓附設酒吧都面對一方水塘，水塘邊常灑有垛垛的粗鹽，不眠的房客可以居高臨下，欣賞動物如大象、犀牛、水牛、羚羊等動物晚間吸水吃鹽動態。三層頂樓是觀景露台，視野廣闊，可以眺望、可以貼近自然、可以舒展身心、可以仰望星空，最重要的是可以暫時解放自己、可以回味、可以檢視，並做無限的遐思。

　　編寫出來的童話可以開拓天真無邪的孩童們無限可能的未來，而現實的童話則提供了失落成年人一種精神上的慰藉，讓他們得以在幻想中，去捕捉他們生命中所漏失的、那種「女王可以的，我也可以」的期待以及那瞬間的永恆。在主客觀有利的條件下，我認為肯亞樹屋飯店之所以能引人嚮往，已經不僅是生態旅遊業界的一種偶然。

野性的呼喚

與其詛咒黑暗，不如點亮一盞燭光

（坦桑尼亞 / 恩格龍格羅保護區）

　　我家孩子還小的時候，我常帶他們去動物園玩，因為我覺得那裡是最靠近上帝的所在，要不然地球上怎麼會有那麼多奇妙又可愛的動物存在。等到自己年紀大了，有機會去了一趟東非遊獵，才發現動物園只不過是囚禁野生動物的牢房，東非那些動物保護區才真正是萬能神祇所統領的國度。當馬賽人的黑色華麗和吉力馬扎羅山白色的山頭逐漸在我們的視線消失，坦桑尼亞恩格龍格羅保護區就在眼前，陣陣來自土地的特殊氣味迎面撲來，耳際也開始傳來聲聲的野性呼喚。東非諸國擁有野生動物保護區（或國家公園）超過十座，但要數恩格龍格羅保護區最為刺激、又最讓人尋味和沉迷。

　　這個保護區可以說是完完全全另外的一個世界，不單是動物，還有人和文化。它的晨昏顏色、古老的天空和月夜、以及成千上萬野生動物迷人的躍動，充滿魅力，令人陶醉。除了可以到火山口遊獵，參觀最高處著名生物學家伯恩哈特 · 揢茨美克教授父子的紀念碑，也可以參訪奧杜威峽谷和壯觀東非大地塹，並可就近欣賞百萬隻紅鶴棲息在納庫魯湖的奇觀。恩格龍格羅火山口是屬於非湖泊型平原，它是世界第一大的火山口，自成一個小型自給自足的

自然生態環境，南北長 16 公里、東西寬 19 公里、深 60 公尺，面積達 265 平方公里，表面被草原、沼澤及樹槐所覆蓋，東非動物多半棲息在這兒。區域內除了五大（獅子、花豹、犀牛、大象和水牛）、五多（斑馬、狒狒、飛羚、瞪羚和織布鳥）、和五珍（斑馬、飛羚、黑馬羚、黑背胡狼和斑點鬣狗）等動物最被遊獵者津津樂道外，還有其它的動物和體型大、色彩亮麗的鳥類。

對許多旅人來說，園內所有見聞幾乎都是他們生平的第一次、也可能是最後一次。完美無缺的自然生態環境、環環相扣的動物食物鏈、動物大遷徙壯烈的陣容、合作無間的動物群族、動物求愛的百態、瞪羚和織布鳥纏鬥的場面、在樹幹上沉睡花豹、樹梢上虎視眈眈的禿鷹、白色的犀牛……等等珍貴的場景，都是神祇的傑作。獨一無二的體驗所以珍貴，因為它們都是人們沉迷過並渴望去完成的夢。沉迷不用理由，伯恩哈特‧格茨美克教授父子一生就沉迷於挽救瀕臨滅絕動物的志業，他們為保護野生動物棲息地不遺餘力，在他主持《A place for Animals》的電視節目上，大聲疾呼並募得超過五百萬馬克捐款當作基金。當地政府為感謝他們父子對野生動物保護的貢獻，特別為他們在保護區最高點樹立了紀念碑和墓碑。墓碑上刻著他所創導的觀點：「It is Better to Light a Candle than to Curse the Darkness」。（譯：與其詛咒黑暗，不如點亮一盞燭光）

被遺棄的天上宮闕

歷史的殘卷和文化的斷章會讓傳說回歸歷史，同時終結神話

（斯里蘭卡 / 丹不拉）

　　如果說祕魯的馬丘比丘是失落的「天空之城」，那麼斯里蘭卡的獅子岩古城就是被遺棄的「天上宮闕」。儘管各處不同的時空背景，然而它們留給後人的迷思卻如出一轍，它們所代表的歷史文化猶如遠年的琥珀，非常晶瑩、但一點也不剔透，也難怪常常變成傳說，進而由傳說又衍生出許多神話。斯里蘭卡素有「印度洋明珠」之美稱。它只是一個比台灣不到二倍大、人口又較台灣少的印度洋島國，它的居民大多是二千五百多年前、印度孔雀王朝時代，由印度移民過來的僧伽羅民族，有近百分之七十五信仰上部座佛教。很難去想像，這樣的蕞爾小國竟能擁有自己的文字和文化，並發展出一套值得驕傲的「物資文明」，尤其是在水利灌溉方面的智能。

　　僧伽羅文明的發源地是在斯里蘭卡中北部地區，由阿努拉德普勒、波隆納魯沃和康堤三大古都所形成的「文化金三角洲」地帶。歷代王朝大都建都在這裡，所以這個地區遺留有王宮、佛寺、佛塔、城堡、園林石窟、石刻造像、壁畫等古蹟，當中有六項已被列入人類的文化遺產名錄，以獅子岩古城最

引人矚目，是世界第八大奇景。

　　獅子岩古城全名為錫吉里耶古城（Sigiriya Lion Rock），座落在金三角丹不拉東北部的平原、一塊突兀而起、高 180 米橘紅色的巨石上，因形態如昂首的猛獅，故稱獅子岩。摩利耶王朝國王卡西伯弒父篡位后，因怕逃亡的兄弟回來復仇，將首都遷到獅子岩上，花了十八年沿山建造了這座軍事防禦重於統治意義的碉堡皇宮。獅子岩前有二條護城河，裡面有皇家花園和四座可供幾百位嬪妃沐浴的池塘。走過長長的花間步道，登上幾段台階，可抵達巨石下的「獅爪平台」，兩隻大型石雕獅爪算是皇宮的門面，然後幾乎是垂直的懸崖，目前設有一座螺旋式的鐵製圓形樓梯，有九百多級台階，半山腰可通二處，據說當時可直達皇宮的洞穴。洞穴內大片石壁上還留有廿一幀非宗教性仕女濕壁畫（據說原有 5 百多幀）。這些國寶級壁畫，歷經千年滄桑，仍保持良好，色調金黃，體態阿娜多姿，顯得栩栩如生，非常珍貴。

　　半山腰另有二處要以繩索才可登上的衛兵崗哨。然後經過一片很長的「鏡牆」，上面刻有古僧伽羅文、泰米爾文和梵文所撰寫「壁詩」，是研究東南亞古代文化的寶庫之一。抵達峰頂，迎面是一片 1.6 公頃的平台，也就是古宮闕的遺址，據史料記載，這座僅使用七年的皇宮，設施完備、規模堂皇、華麗壯偉。不過目前只留下倒塌廟堂、乾枯水池、荒廢的花園、石基、石柱、石龍椅、會議廳等等。

攀登獅子岩故宮，雖不至於像有人所戲稱的「獅（蜀）道之難，難于上青天」，但所費的體力和能耐也非一般老弱婦孺所能勝任，更別說古時候皇室那些尸位素餐的王親國戚和嬌生慣養的金枝玉葉了。想想當時他們生活必需品的補給及國家政令傳輸和推動，就已經不是簡單的事情，更奢言當時興建時的材料取得、後勤支援、興建器具和人力的動員，在在都是令人費解的謎團。

　　獅子岩故宮（現已改為博物館）是一段古僧伽羅文化的斷章，空擺在重重叢林長達好幾世紀，如同馬丘比丘是一頁印加歷史的殘卷，隱藏在崇山峻嶺中達四百多年一樣，它們的重見天日，在人類文明發展史上，也許只是一種偶然，然而隨著科技的進步以及人類鍥而不捨的探研之下，將是人類未來進程的必然，相信總有一天，不斷被發掘出來的歷史殘卷和文化斷章會讓傳說回歸歷史，同時終止神話。

鸛鳥踟躕

如鸛鳥踟躕，猶豫的那一步，踏出去便是故鄉

（摩洛哥／切拉古城）

　　我第一次看到一種像黑面琵鷺那麼可愛的大鳥，是在西班牙格拉納達近郊一處被廢棄的古牆上，導遊介紹說，牠們是南飛避暑的候鳥，叫做鸛。隔了三、四十年後，我再次看到鸛鳥，是在摩洛哥的切拉（Chellah）頹廢的古城牆上，當時，我像是碰到了久未見面的老朋友一樣，很驚喜地一遍又一遍望著那十幾二十個比臉盆還大的鳥巢，欣賞牠們在巢窩外，耳鬢廝磨，公然大曬恩愛。導遊說，那些鸛鳥已厭倦流浪，早就把那裡當作是永久的家。

　　切拉是古代腓尼基、迦太基和古羅馬在北非的重要港口，古城區原是一座獨立的城市，有過自己輝煌的歷史，在遺址的殘垣斷壁裡頭、那些古羅馬的遺跡如浴室、市集、建物的地基和柱子、還有古回教清真寺和宣禮塔，隱隱約約可以看見它們往日傲人的風采。十二世紀的馬里尼德王朝曾把切拉古城圈定為皇室的陵墓，直到十七世紀被一場大地震震毀而遭遺棄，現在的切拉古城遺址是摩洛哥少數比較高質量、高知名度又不被打擾的迷人景點。

　　鸛鳥形體像鶴又像鷺，高約四尺，羽色灰白，有長長紅色嘴巴，長長的腳也是紅色的。牠們常以松樹的細枝築巢，一夫一妻，鶼鰈情深，共同孵育牠們的幼鳥。鸛鳥原居地是埃及尼羅河畔，只有夏天才會飛到北歐避暑，北歐民眾對鸛鳥不但充滿幻想，也有深厚的感情，安徒生在他的童話世界裡對牠們有深刻的描述。

　　每當想起鸛鳥，我就聯想起我在倫敦「半路認親」的那位學

姊來。認識她是我旅遊史上很奇妙的巧合。我一生當中有四次去過倫敦，每一次都是經由她接團導遊。印象裡的學姊就像切拉古城裡那些鸛鳥一樣，剛開始，為著擺脫原鄉周遭環境的束縛，她選擇可以自由自在、不用盲目參與傳統的社會規範，游走在故鄉與謀生地的兩端，我猜也許有一天她累了，也不用再在異鄉流浪。然而，四十幾年過去了，學姊還是在倫敦當導遊，一直浪跡在西敏寺、白金漢宮和溫莎古堡之間。人生真是「踟躕復踟躕，世途今悠悠」啊！我推測我那位學姊應該已沒有什麼鄉愁，如果有的話，她的鄉愁也不再是「一灣淺淺的海峽」，而是一片藍藍的晴空，她飛這頭，你飛那頭。記得，我初次遇見學姊時，她還是一位風姿綽約的少婦，穿著洋裝，提著一把亮麗的小洋傘，很專業、很體貼。閒聊後，才知道她與我就讀同所大學，高我一屆，而且還是內人台中的鄉親，雖然僅是泛泛之交，有兩趟她還特別邀請我和內人到她家喝過茶。因此我知道她已在倫敦安居下來，兩位小孩都已上了大學，而且成績非常優秀。

　　兩年前，我 78 歲，隨團遊愛丁堡，中繼倫敦轉冰島。再碰面時，她一身鬆垮輕便的休閒服裝，一臉素顏、著運動鞋，拿著一把大雨傘當拐杖，同我一樣，歲月已經在我們的體態和臉龐留下了深厚的印記。她說她的孩子都長大了，兩位都在美國念完博士，然後，都選擇留在美國成家立業。她很開朗向我表示閒著無聊，旺季的時候，大陸客又多，就出來客串一下，反正閒著也是閒著。一派幸福快樂的灑脫，真讓人為她高興。

　　對我那位學姊來說，故鄉只是無病呻吟的命題、是文學家和藝術家杜撰出來的哲思、是政治人物和野心家刻意操弄的議題。真正的故鄉只是人類的祖先尋求適合存活條件、得以安身立命所

選擇的「流浪的終點」，所謂「國境」是可以選擇的地方，所謂「邊界」也僅是模糊的概念，所以她「如鸛鳥踟躕，猶豫的那一步，跨出去便是故鄉」。

　　（寫給我遠在福建武夷山教學的孩子和在美國 Durham、西雅圖、Bellingham 就學的孫女們）

　　－完－

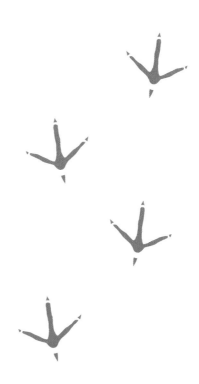

後記

　　天涯浪跡的滋味一如人生的雜陳百味。我所體悟出的人生，就像每趟遠行般，總是糾結著別離的情境與輪轉著尋覓心靈歸屬的煎熬和期盼。在我認知的世界裡，所謂「鄉愁」根本就是一處「屢尋不著的港灣」，我試著寫下《鄉愁》這首小詩，用來註記自己所感受到的這種心路歷程：

《鄉愁》
飛越過萬尺高空的層層亂流
方體悟出
生命原來僅緊在一條細細的繩索上
衝撞過汪洋大海的驚浪駭浪
才了解到
人生只不過是一艘在航線上的沉船
我是一個歷盡風霜
漂流萬里的過客
激情已不在
溫柔反變成多餘的負擔
我的鄉愁是一處屢尋不著的港灣

（寫於我八十歲的生日）

國家圖書館出版品預行編目資料

拾穗，在迢迢的旅途上 / 黃耀明著
　--初版-- 臺北市：博客思出版事業網：2021.05
　ISBN：978-957-9267-91-5（平裝）

1.旅遊 2.旅遊文學 3.世界地理
719　　　　　　　　　　　　　　　　110001648

生活旅遊 25

拾穗，在迢迢的旅途上

作　　　者：黃耀明
編　　　輯：楊容容、塗宇樵
美　　　編：塗宇樵
封面設計：塗宇樵
出 版 者：博客思出版事業網
發　　　行：博客思出版事業網
地　　　址：台北市中正區重慶南路1段121號8樓之14
電　　　話：(02)2331-1675或(02)2331-1691
傳　　　真：(02)2382-6225
E—MAIL：books5w@gmail.com或books5w@yahoo.com.tw
網路書店：http://bookstv.com.tw/
　　　　　　https://www.pcstore.com.tw/yesbooks/
　　　　　　https://shopee.tw/books5w
　　　　　　博客來網路書店、博客思網路書店
　　　　　　三民書局、金石堂書店
經　　　銷：聯合發行股份有限公司
電　　　話：(02) 2917-8022　傳　真：(02) 2915-7212
劃撥戶名：蘭臺出版社　帳號：18995335
香港代理：香港聯合零售有限公司
電　　　話：(852)2150-2100　傳　真：(852)2356-0735
出版日期：2021年5月 初版
定　　　價：新臺幣380元整（平裝）
ISBN：978-957-9267-91-5